退団公演〈緑の袴〉で最後の挨拶

宝塚音楽学校入学式で答辞をよむ

『メイフラワー』新人公演　同期の水原環(前)と

『ザ・レビュースコープ』カルナバルの場面

『あの日薔薇一輪』

『ベルサイユのばら』ジェローデル役　オスカルの安寿ミラさん(右)と

東京芸術大学に入学した頃

東京芸術大学卒業演奏会

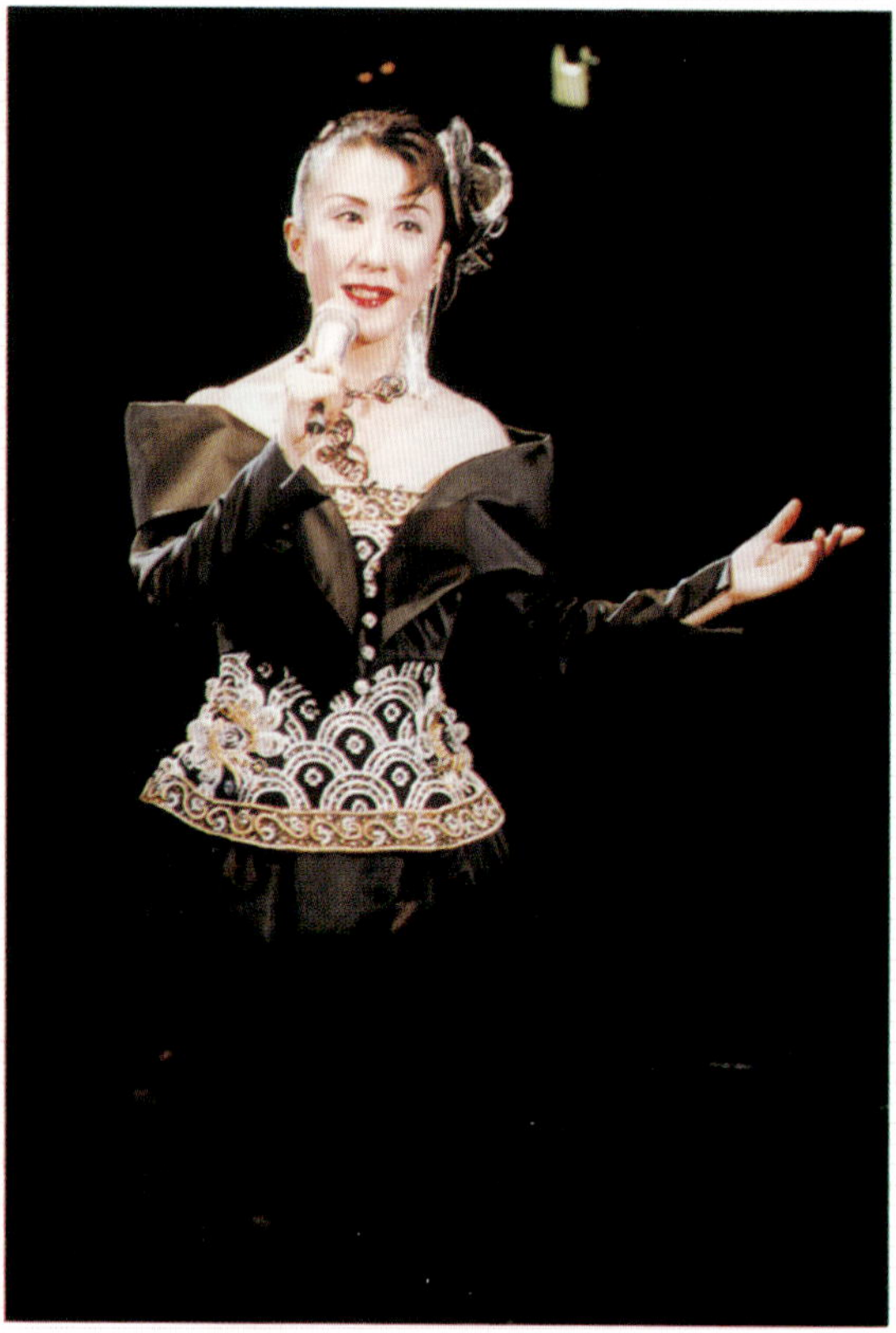

卒業記念コンサート（青山円形劇場）

オペレッタ『こうもり』のオルロフスキー侯爵（大阪フェスティバル・ホール）

オペレッタ『こうもり』のオルロフスキー侯爵（大阪フェスティバル・ホール）

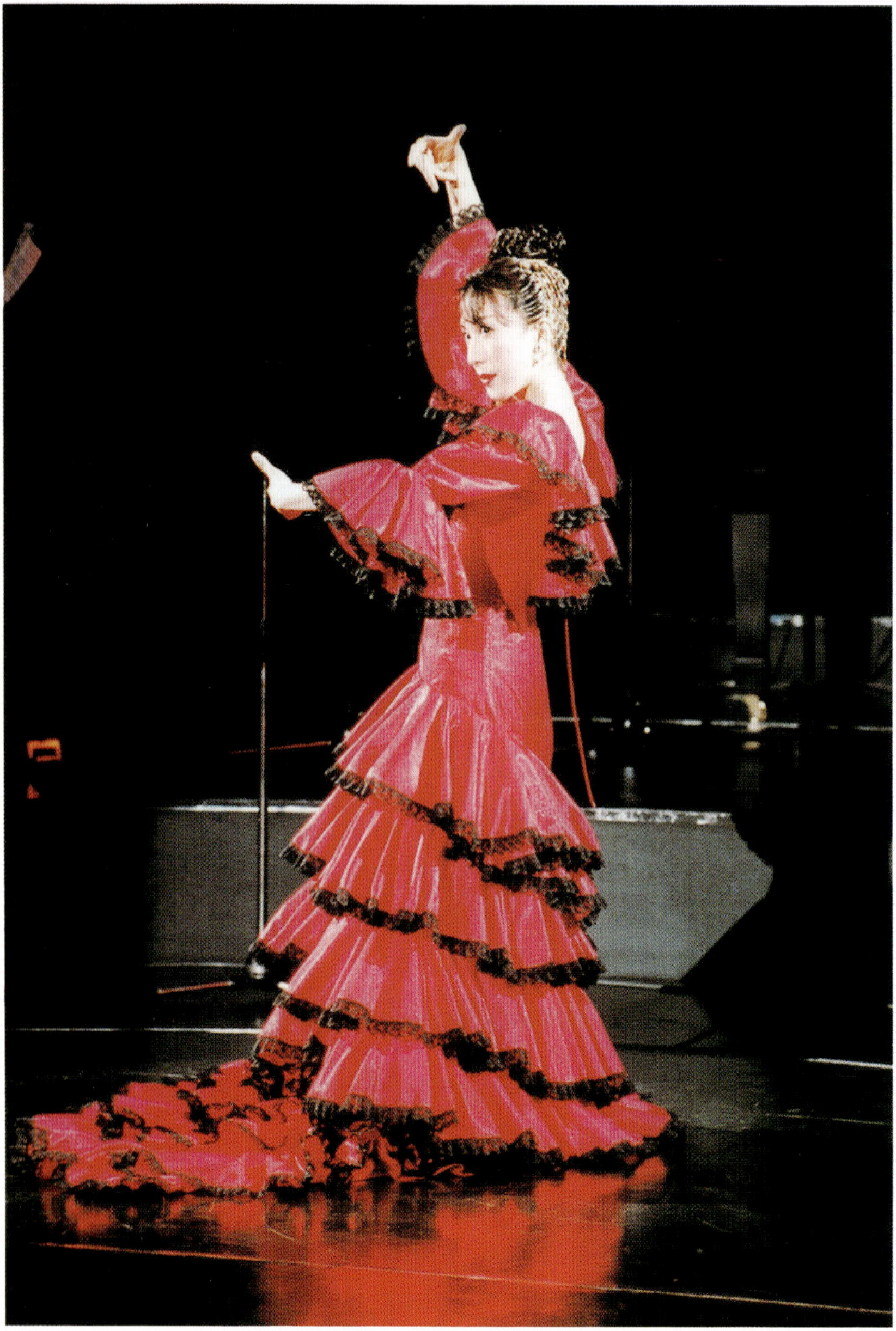

卒業記念コンサート『カルメン』ジプシーソング

宝塚が私に教えてくれたこと

夢がかなう法則

三矢直生

目次

第三章「受験の花道PART II」東京芸術大学編……147

本書は、二〇〇二年に小学館から刊行されたものです。

プロローグ

「自分がかなうと信じてさえいれば〈夢〉は必ずかなう。だからその夢に向かって羽ばたき続けろ。もしその夢がかなわなかったとしたら、それは、自分の信じ方が足りなかったから」

と、何かの本に書いてあった。

中学一年生のときであった。

能天気な私は、即座に「そうか！ そうなんだ」と思ってしまった。

実際、私の人生、本当にかなえたかった夢はほとんどかなっている、と思っている（都合のよい性格だから、あとは忘れちゃっているのかもしれないけれど）。

もちろん、かなわなくてたくさん泣いた〈夢〉もある。

いま思えば、そのかなわなかった〈夢〉は、自分で「絶対にかなえるぞ」と信じきれていず、羽ばたき続けられていなかったような気もする。

昨年、宝塚《たからづか》音楽学校の試験官をさせていただいた。

ピーンと緊張感のみなぎった真っ白い教室で、一番目の受験生が緊張しながらも、まっすぐな瞳《ひとみ》で歌い出したとき、「ああ二十年前、私もたしかに同じ場所にいた。あのときの私と同じ気持ちでこの子は歌っているんだ」、そう思った瞬間、きゅうに心臓がどくどくして涙が出そうになった。

ただただ宝塚に入りたくて、希望に胸ふくらませていた二十年前にタイムトリップしてしまった。


歌うことが大好きで、憧《あこが》れの宝塚音楽学校を目指し、入団。

幼い頃からの夢だった男役を、宝塚で存分に満喫した。

そのあとも、どうしてもやりたかったテレビの歌番組でレギュラーで歌った。

三十歳を過ぎて大検、センター試験を経て、大学に受かることができた。

小さな夢ではあるけれど、ひとつずつかなえながら進んでくることができた「お気楽どんまい・汗と涙の物語」〈夢がかなう法則〉をお話しさせていただこうと思う。

第一章

幼少の頃

†超巨大児出現！

私が生まれたのは春、うららかなすみれの花咲く季節。場所は東京、新宿の慶応《けいおう》病院。

母の胎内《たいない》があまりにも気持ちよく、その場を離れられずスクスクと育ち……いや育ちすぎた。

母もお医者様も、そのお腹の大きさから双子だと思い、肌着などをすべて二人分用意したという。

彼らの予想は、間違っていた。

その赤ちゃんの大きさは、四二五〇グラム。

私は、巨大児となって世の中に出現したのだ。

もちろん、帝王切開。

帝王だ！（だから何なんだ？）

産道を必死に通っていない上、「おぎゃ……」と泣いたら、看護婦《かんごふ》さんが取り出してくれたという他力本願な方法でこの世の中に出てきた。

だから、生まれつき、辛《つら》いことを乗り越えようとするガッツに少々欠けているような気もする……。

きっと、他の赤ちゃんは、「いやあ、あの産道はきつかったあ。むっ、やっと外界だ！

ふんぎゃあー!!」と、力の限り泣くのに対して、私は、「え、もう出してもらっちゃった？あら、じゃ泣いとこ。おげっ……」という感じだった。だから、声も低かったのかもしれない。

†同級生とのＫＥＹの違いに悩んだ六歳児

そして月日は経ち、小学校一年生のとき、私がはじめての音楽の授業で歌を歌ったときのこと。

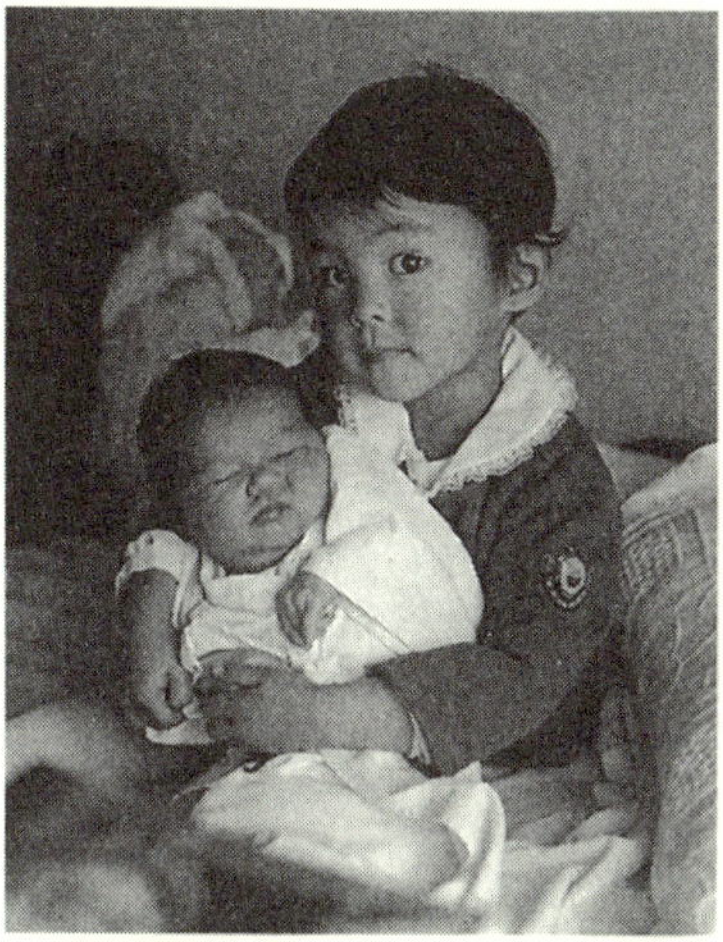

4,250グラムの私と姉

白百合学園。幼稚園時代

おうたのはっぴょうかい

何の曲だか忘れてしまったけれど、何か童謡《どうよう》だった。

そのとき、私はすでに同級生の少女たちとＫＥＹが違っていたのだ。

可愛《かわい》い声の他の少女たちとは違い、音域がはるかに低く、皆と一緒に歌うことができなかった。

声版「みにくいアヒルの子」状態だ。

べそをかきながら帰ってきて、

「ママー、どうして私の声は、こんななのー？」

と、涙で母に訴えた。

困った母は、近所の声楽家のところに私を連れていった。

その方は、

「この子の声は特殊だから、皆と合わなくて当然です。童謡歌手か、演歌歌手にするとよいかもしれません。あ、美空《みそら》ひばりさんのようになれるかもしれませんよ」

と、私を慰めるつもりで言ってくださった。

それを聞いた私は、

「そうか、私の声は、他の人と違って特別なんだ」

と、すっかり機嫌《きげん》をよくしてしまったらしい。

その直後から近くの合唱団に入り、

「しょうらいは、かしゅになるぞ」

と、歌のお稽古《けいこ》を始めさせてもらったのであった。

じつは、母は娘時代から宝塚の大ファンだった。

夢見がちな少女のような人だったから、ひそかに、「娘が宝塚に入ってくれたらいいなあ……」なんてことも考えていたらしい。

だから娘が、

「お歌が習いたい！」

などと言い出したのは、結構うれしかったようで、四歳からバレエにも通わせてくれていた。

でも、世のステージママとはまったく違い、あくまでも、ほわーっと応援してくれていたのだ。

その頃から、私も宝塚が大好きで、月に二度は東宝劇場に観劇に行っていた。

通っていた小学校がきびしかったので、帰り道にこっそり着替え、母が用意してきた風呂敷《ふろしき》にセーラー服と大きなランドセルを包み、いつもそれを膝《ひざ》の上にのせて観劇していた記憶がある。

四つ違いの姉〝ゆみちゃん〟の証言によると、ある公演のショーのとき、通路際の座席で観劇していると、スターさんがステージから降りてきて、私のほっぺを触って、

「可愛いおじょうさん、一緒に踊りましょう」

と言われたそうだ。

私は、ポーッとなり、そのスターさんのブロマイドとレコードを買ってもらって、ずーっとずーっとその曲を繰り返しかけ、そのレコードに合わせて歌い踊り続けていたらしい。

そのスターさんは、麻鳥千穂《あさどりちほ》さんであった（麻鳥千穂先生は、いま宝塚音楽学校の先生をなさっているので、私が歌劇団の講師をさせていただくようになった頃から、ときどきお話しさせていただく機会があるのだが、まだこの話はさせていただいていない）。

私が歌うことを選んだきっかけの方なのだ。

「私、絶対宝塚に入る！」

まんまと母の思惑《おもわく》どおりになったのであった。

これも姉の証言なのだが、当時、母の部屋には大きなミシン台があった。それは母の大切にしていた物で、私たちは触れることも許されていなかったのだが、観劇後の数日間は、母の目を盗んで、そのミシン台の上で、観《み》てきた公演をステッキらしきものと帽子を持って、歌って踊って……ライブかつどうを繰り広げていたらしい。

小学校一年生のこの頃、「私の行く道は、宝塚の他にはない！」と進路は、ほぼ確定していたようだ。「バレリーナも歌手もいいけど、私が行くのは、あのエキサイティングな宝塚だ！」と思ったのだった。

†あたりはすっかりすみれ色

小学校四年のとき、とつぜん父の仕事で関西に引っ越すことになる。

姉は、東京の友達と離れたくないと、祖母の家に残り、別れて暮らすことになる。

仲良しだったので、引っ越しの日、姉と別れるのが悲しくて、たくさん泣いた。

父の仕事場は、神戸だった。

母の見つけてきた住まいは、神戸から四十分ぐらいの宝塚であった。これは最近発覚したことだが、関西勤務ならば絶対にすみれの花の咲く宝塚に住みたいという母の望みと、私が宝塚に入って将来ここで暮らすようになってくれないかなあ、という母の淡い願いがあったそうだ。

転校した阪急沿線にある小林聖心女子学院《おばやしせいしん》も、宝塚駅から三つ隣という場所柄、宝塚を好きな同級生が何人かいて、仲良しになった。

歌とバレエのお稽古を再開することになる。

まず、東京の先生に紹介していただいた歌の先生のお宅に行く。

あちこちにタカラジェンヌの写真がいっぱい。しかも鳳蘭《おおとりらん》さん（当時の大スター）のサインまである。

ひょえ～。私は興奮して心臓がばくばくしてしまった。

なんとその先生は、宝塚音楽学校の先生で、鳳蘭さんも教えていらしたのだ。

紹介してくださった東京の歌の先生は、宝塚とはまったく関係がない方で、

「駅に近い先生と、町中の先生とどっちがいい？」

と聞かれ、駅に近い先生を選んだ結果が、この村上《むらかみ》よしこ先生だったのだ。人生何が分かれ目になるかわからないもんだ。

村上先生には、子供のお弟子さんは一人もいなく、私以外は皆、おとな。

まだ私は九歳のちび太だった。

村上先生は、ちびの私をとても可愛がってくださったが、先生はまったく子供を教えられたことがなかったので、いきなりオペラのアリアを課題としてくださった。

私は小学校四年生で『夢遊病の女』という難《むずか》しいオペラのアリアを歌ったりした。

それ以降、わけもわからず、古典の歌曲もいっぱいお稽古した。

当時の本には、「あもうれみいお」なんて、平仮名でイタリア語に仮名が振ってあったりする。意味もわからないくせに、レパートリーだけは増えた。

この頃の勉強が、二つ目の人生、二十三年後の芸大受験に役立つとは思ってもみなかった……。

私は、毎週お稽古に行くと、舞台で活躍している、グラビアでしか見たことのなかったスターさんたちとじかに会えるのがうれしくて仕方なかった、小学生の私が、アリアを歌っているのを聞いて、憧れのジェンヌさんたちが「ちっちゃいのにすごい！」と言ってくださるのがうれしくて、毎週、一生懸命お稽古をした。

褒《ほ》められると木に登ってしまう性格である。

もちろん、東京の姉にもすぐにその大事件を報告した。

まるで神のおぼしめしのように、宝塚歌劇団の近くで暮らすことになってしまった私は、バレエも宝塚音楽学校の先生に習うことになる。

宝塚歌劇団でプリマとして活躍なさった四條秀子《しじょうひでこ》先生であった。生粋《きっすい》の日本人なのにオードリー・ヘップバーンを思わせる可憐《かれん》な先生だった。こちらの先生のところにもタカラジェンヌがたくさんお稽古に来ていて、スターさんの隣のバーで踊らせてもらったり夢見心地でレッスンしていた。

非常にのどかなお稽古場で、タカラジェンヌも宝塚音楽学校の生徒も、小学生も皆、一緒にお稽古をするのだった。

発表会では、のちに宝塚のトップスターになられる平《たいら》みちさん（まだ宝塚歌劇団の研究科一年生だった）が王子様役で、私は子供のカエルの役で一緒に踊ったりした。

宝塚の大自然を全身に感じながら、のびのびと育った小学生時代だった。

第二章

受験の花道
PART I

宝塚歌劇団編

†ママのカンベントウ

父の仕事で、再び東京に戻った中学一年の頃には、宝塚での四年間の生活ですっかり身も心も宝塚歌劇団に入団する気分であった。

宝塚歌劇団に入るためには、まず宝塚音楽学校に入学しなくてはいけない。

その頃、父にチラッと宝塚音楽学校を受験したいと言ったことがあった。

しかし彼は、まるで本気にしていなかった。

父は、石橋を叩《たた》いてから渡るのを考えるような熟慮《じゅくりょ》型な上、せっかく四年制大学付きのカトリックの学校に幼稚園から入れたのだから、素直に卒業してよきトコロに嫁《よめ》に行ってほしい、まして例年受験倍率二十倍もの宝塚におまえが入れるわけがない……と一笑に付されてしまったのだった。

しかーし！

そんなことで、ひるむ私ではなかった。

これは私の小さいときからの夢なのだから絶対かなうと信じていた。かなわないワケがないという根拠《こんきょ》のない自信があった。

宝塚で暮らした頃、一緒にお稽古をしていた宝塚歌劇団の生徒さんは、皆、パワーがあって、本当に魅力的《みりょくてき》だった。

あんなふうに素敵になりたい！

毎日、大好きな歌や踊りだけの生活。ああ、なんてすばらしいの！　と、瞳には、少女マンガのように星が出ていた。

私の生きる道は、ここしかない！　とそればかり考えていた。

十四歳になった中学二年。

ここから母を巻き込んでの宝塚受験生活が始まるのである。

週に三日はバレエ、二日は声楽。

エスカレーター式とはいえ、中学三年で高校受験の勉強もある。

学校が終わると、バレエのレッスンに間に合うようにダッシュで学校を出発。

九段《くだん》の白百合《しらゆり》学園から、大滝愛子《おおたきあいこ》先生のバレエの稽古場のある阿佐ヶ谷《あさがや》までの総武線の中で、髪型《かみがた》をバレエ用のシニョンに結《ゆ》ったあと、宿題をする。

電車の中で三つ編みの髪をほどいているのを同級生に目撃され、

「川村ゆかさん（私の本名）は、学校帰りに髪型を変えて遊びに行っているらしい。不良だ」というウワサが流れた。

バレエのお稽古場は、ちょっぴり宝塚音楽学校のようだった。

なんとなく先輩《せんぱい》後輩があり、早く入った先輩は、なんとなくきびしかった。

年が小さかった私は、「先輩のお姉さんたちは、皆、上手だなあ。いろんなことができてすごいなあ」と思っていたので、そこでの上下関係にも何の抵抗《ていこう》もなかった。

三時間のレッスンは、結構スパルタだった。

当時、一六七センチ、四五キロでハリガネ虫と呼ばれていたほどやせていたので、普通の人より体力がなく、身体もかたい方だったのでレッスンはきつかった。

毎回、脱水症状一歩手前くらいまで汗をかき、レオタードやタイツなどの洗濯《せんたく》物は、帰りにはずっしりと重くなり、絞《しぼ》らなくても汗がしたたり落ちるほどであった。

でも、他の受験生も皆〈夢〉に向かって頑張《がんば》っていたし、あの「宝塚」で踊り歌える日が待っていると思うと、楽しくて楽しくて仕方がなかった。

汗びっしょりのレッスンのあと、母が車で迎えに来てくれる。

そこには、母の作った「缶弁当」が待っているのだ！

それは、大きめのヨックモックのお菓子《かし》の缶がお盆《ぼん》がわりになっていて、そこに陶器のお皿でハンバーグなどのおかず、おみそ汁、サラダ、ご飯、お茶、ミルクが入っているのである。

十四歳、育ち盛りの私にとって、それはこたえられない美味《おい》しさだった。

いま、自分はあの頃の母とほぼ同じ年代になっているのだが、私にはあそこまでできないと思う。まったくよく週に五日もつき合ってくれたものだ、とちょいと目頭が熱くなる思いである。

のちに母から、

「あなたは食が細かったたし、ビニールやプラスティックの容器じゃ味気なくてかわいそうだから、家でご飯を食べるのと同じように、全部の陶器のお皿がのるお菓子の缶を探してきたのよ。まあ、あなたも一生懸命やってたしね」

という話を聞いて、さらに目頭が熱くなってしまった。

そして、十時頃、家に帰ってからひと眠り。

夜中の二時に起きて高校の受験勉強。

空が白みかけて新聞屋さんが来る五時頃に眠る。六時半に起き、学校へ。学校では、授業中、ときどき（？）眠くなっていた。

勉強のよくできた仲良し同級生に、ノートはおまかせして、あとでノートを見ればわかる授業などは、顔にセーラー服の筋《すじ》をつけてぐっすり眠りこけていた。

期末試験などは、彼女のノートのおかげでそこそこの成績を取っていた。

感謝感謝。

この頃、漠然《ばくぜん》と、「あれえ、学校の勉強って、いましなくても、おとなになってからでもいいのかもなー。それより、バレエや歌みたいな、いましかできないことの方が重要なんじゃないかな。でも、このまま宝塚に入ると中卒だなあ……そーか、おとなになってからガッコ行けばよいのかも」なんてことを考えていた。

声楽の稽古も茅ヶ崎《ちがさき》までの長い道のりを、やはり宝塚音楽学校を受験する二人の友達と一緒に東海道線で通っていた。

一人は、ものすごくエキゾチックな顔をしていた。私は、なぜか彼女をブルガリア系のハーフだと思っていた。ハスキーで、ホリの深い風貌《ふうぼう》とは相反して、とにかくおもしろい人だった。彼女は、その後、退団するまで同じ組で、前世の因縁《いんねん》かと思われるほど、宝塚生活のすべてを一緒に過ごすことになった、舵一星《かじいっせい》である。

もう一人は、地方から単身で東京に出てきていて、体育大学の付属高校に通っていて、圧倒的なパワーと根性があって、たくましく優《やさ》しい人だった。彼女は、早く退《や》めてしまった雪組の南郷希恵《なんごうきえ》である。

彼女たちは、私より二歳年上だった。

毎回、道中一時間半は、「一本食べると三十分！」というキャッチフレーズのチュッパチャップスキャンディー三本を食べながら、宿題をしたり、宝塚に入ったら何がしたいか、将来のこと、夢のことなどを頬《ほお》を紅潮させて話していた。

そして、行きの電車の窓から大船の観音様《かんのんさま》が見えてくると、「三人揃《そろ》って入学できますように」と電車の中で手を合わせ、本気でお祈りしたりしたものだった。

また、その声楽の先生が、愛情あふれる方なのだが大変きびしい先生で、お行儀《ぎょうぎ》から発声までことごとく叱《しか》られまくっていた。

「そんな小さな声じゃ聞こえない！　卵の殻《から》が割れるように！　窓がビリビリいうように！　そんな声じゃ全然だめだ。下手《へた》くそ！　もっと勉強しなきゃだめだ」

と、びしびし仕込まれた。

先生は、心構えや芸に対する基本理念など、それはそれは、きびしく指導してくださる。

楽しくお稽古したい、まだ自覚も何もない中学生の私は、毎回へこんだ。

「他の同級生みたいに、友達と遊んだり、家族とどっかに旅行に行ったりしないで、お家でご飯も食べないで、毎日いっぱい歌って踊って、学校の勉強もして、こんなに頑張っているのに、なんでこんなに叱られるんだろう」と思ったときもあった。

東海道線の窓から見える大船の観音様

先生は、

「頑張ってるっていうのは、人が言ってくれることで、自分が言うことじゃない。まして自分が好きで目指《めざ》しているんだ。自分で、まず、そのことをしっかりわからないと、上手《うま》くなりません」

と、いつもおっしゃっていた。

確かにそのとおりだった。

毎回きびしいお言葉をいただいて、帰りには、べそをかいて慰《なぐさ》め合いながら帰ってきた。その声楽のお稽古場のひとつ先のバス停が海岸だったので、三人それぞれの学校のセーラー服姿で砂浜に行って、革靴《かわぐつ》を脱ぎ捨て、夢をかなえてやるぞ、と、オヤクソクの「海のバカヤロー！」をやりながら走ったりもした。

「絶対、三人揃って合格して宝塚の制服、〈緑の袴《はかま》〉をはいて、もう一回この砂浜に来ようね」

と、涙でかたく握手を交わしたものだった。

きっと一人だったらくじけていたけれど、三人だったから、先生にひどく叱られてもそれを笑い話にでき（ときどき、先生の物まねまでしていた。悪い生徒だ）、乗り越えることができたのだった。

おおぅ、麗《うるわ》しい青春!

宝塚の受験は、中学卒業から高校卒業まで四歳の年の開きがあるのだが、私はいちばん年下だった。

受験時代からいつも末っ子のポストで当時十五歳だった私に、二つ年上の彼女たちはとても優しく、それはそれは、おとなに見えたものだった。

通っていた学校がきびしく、帰りに寄り道は絶対禁止されていたのだが、稽古のあと、三人でこっそり寄った茅ヶ崎のレストランでスパゲッティー・ナポリタン(なぜかナポリタンなんだな)を食べたとき、はじめての経験で親元を離れたらこんな生活が始まるのかな、とちょっとおとなになった気がした。

†入学試験!

さてさて、やってきた東京一次試験の当日。

なんてったってまだ十五歳。

前の日も遠足に行く気分でわくわくして大変だったが、当日はもっと楽しくて仕方がなかった。

たくさん稽古してきたのを宝塚の先生たちに見ていただけるし、面接でも宝塚歌劇団の機関誌『歌劇』や『宝塚グラフ』で見たことのある演出家の優しそうなおじさんたちも、にこにこと私の話を聞いてくださった。

一次試験は、声楽。課題曲から一曲歌うのとコールユーブンゲン（音楽教則本）四度音程まで。

茅ヶ崎の声楽の先生から、

「面接のとき、試験官の先生方は皆あなたのこと大好きなんだ、と思って楽しく歌いなさい」

と、いつも言われていた。

思い込みのはげしいB型、「あ、先生たち皆にこにこしてる。ほんとに私のことを大好きなんだ」と天真爛漫《てんしんらんまん》に思っていた。

声楽の試験では、「マリア・マリ」というカンツォーネを歌った。

大きな声で歌えて気持ちがよかった。「窓ガラスが、ビリビリっていったし、きっと私が、いちばん大きな声だったわ」と思い、一次試験は上機嫌《じょうきげん》で帰ってきた。

数日後の発表で、一次試験は合格。

あまりにも子供で、受かるとか落ちるとか、そういう認識もあまりないから、

「あ、受かった、受かったあ」

と無邪気《むじゃき》に喜んでいた。


二次試験は、宝塚で。

東京を出るとき、胸を弾《はず》ませ、父に、

「じゃあ、頑張ってきます！」

と言ったら、渋い声で、

「頑張らなくていい」

と言われた。

あーあ。なんてこった……。


憧れの宝塚音楽学校で行なわれた二次試験。

すべての雰囲気がぐっと変わる。

試験内容も、課題曲歌唱、コールユーブンゲン、その場で渡された譜面《ふめん》を読む新曲視唱。

バレエ。面接。

バレエも一次の体操っぽいモノから、バレリーナのような本科生がお手本を見せてくれ

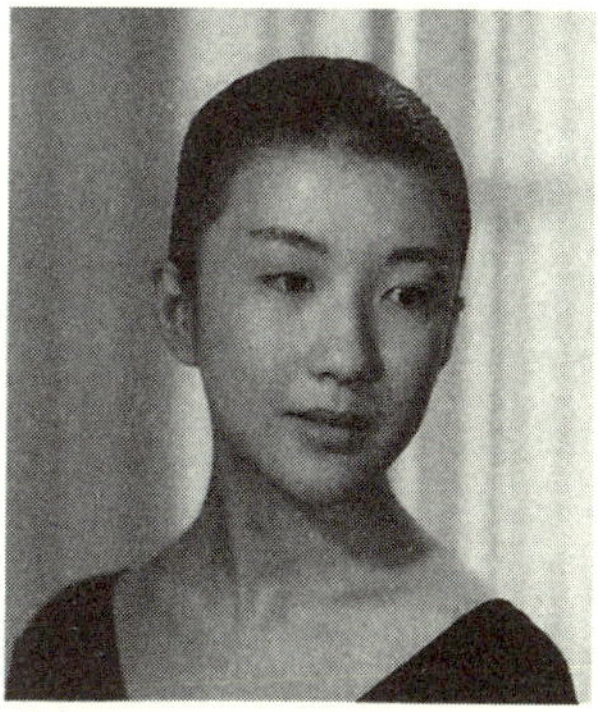
受験票に貼った写真。なぜかナナメ

る本格的なクラシックバレエになる。

私は一応間違えずに楽しく踊れたものの、同じ受験生の中にロシアのプリマバレリーナのようなプロポーションで、ちょっと足を上げても簡単にアタマについちゃうような、ずば抜けて上手な人が何人もいた。

新曲視唱の試験は、思っていたよりも難しかった上、いつもは、気持ちよく歌えるハズなのに、どんなふうに歌ったのかまったく覚えていなかった……。

面接の試験では、先生方は、笑顔で優しく私の話を一生懸命うなずきながら聞いてくださった……ような気がしていた。

一次試験では、世の中を知らない中卒の強み。なーんにも怖いものがなかったのだが、二次試験になってくると、他の受験生は一次試験とは打って変わって、みんなおとなっぽくて、スタイルもいいきれいな人ばかり。しかも、艶《つや》っぽい人までいる。

歌も踊りもいきなりグレードが上がっていき、不安が募《つの》る。

試験をすべて終了し、ああぁ、私は、お子ちゃまだあ、すべてが未熟《みじゅく》だあ……と悲しくなった。

楽しく試験が始まった日を思うと、南極の氷原の中に放り出されたように落ち込んだ。

数日後の発表までが長く感じられた。

一体どうだったんだろう……。


合格発表の朝。

希望と不安で、なんとなくお腹がしくしく痛くなっていた。

母と二人、発表のある宝塚音楽学校まで、口をきゅっと結んだまま宝塚大橋をひたすら歩く。

合格者氏名が掲示された瞬間を鮮明に覚えている。

灰色の背広を着た学校の人が、筒《つつ》状の巻紙を持ってきた。

わあっ、とざわめきが起きる。

ギュッと握った手の中に汗が出てくる。

母も微笑《ほほえ》んでいるような固まっているような、なんとも言えない顔をしている。

合格者の紙の右端の上下が画びょうでとめられ、紙が広げられる。

くるくるくるくるっ。

「うわぁーっ……あった！」

私の名前は、ちょっと薄い字だった。

涙が、ぶわーっ、と身体の中から出てきたような気がした。

母の目も潤《うる》んでいた。母が泣いているのをはじめて見た。

結果は、合格。

史上最高の二十七倍。

晴れて同期となったのは四十人であった。

東海道線で一緒に声楽に通っていた二人も合格していた。

あの、稽古のたびによく叱られ、よく泣いて、よく汗をかいた日々が思い返され、三人で抱き合い、跳びはねて喜んだ。

ほんと……夢みたいだった。

合格の実感もないまま、講堂に入るように指示され、制服と帽子の採寸、憧れの〈緑の袴《はかま》〉と着物の注文をする。

うれし泣きでまだ鼻も目も真っ赤にはれたまま、手際《てぎわ》のよい本科生のお姉さんの誘導どおり次々と手続きをすませていく。

ひととおりの受付をすませ全員が講堂に揃って、これから同期となる人たちを見たとき、すばらしく美しい人が多いのでびっくりした。

いやいや、本当に（私のような平面的な顔の奴《やつ》はいないない気がした）。

この中に、黒木瞳《くろきひとみ》、涼風真世《すずかぜまよ》など、いまも女優で活躍している同期がたくさんいる。伝説の六十七期生の誕生である。

ひととおりのオリエンテーションのあと、生徒監の先生に呼ばれる。何を叱られるのかと思って、ドキドキして先生のところに行った。

なんと私は一番で合格していたのだそうで、入学式に生徒総代で答辞を読ませていただくことになった（口絵写真）。

合格しただけでも「本当？」っていう感じだったのに、「一番で合格」なんていうのは、「ええええええー？　うっそー、絶対夢だ」と思った。

すべてが夢の中の出来事のようで、現実感がまるでなかった。

その答辞の文章を考えておくように、という宿題をいただいた。

結果、父には、事後報告となってしまった。

いま思うと、何でも母と姉と私、女三人で決めて、いつも何かをしてしまったあとに父への報告となることが多く、このときもちょっぴりかわいそうだった気もする。

このとき父は、

「だめって言ったって、行くだろう」

というようなことを言ったような気がする。

入学式までの短いお休みの間、母校にご挨拶《あいさつ》に行った。

その日は、ちょうど高校の入学式だった。

高校も合格していたので、新しいクラスも決まっていた。

合格がうれしくて、トレードマークだった三つ編みを男役っぽくショートカットにして、宝塚合格の報告に校長様と同級生のところにうかがった。

本来、他校を受験した場合、放校処分になってしまうのだが、そのときの校長様が寛大な方で、

「夢に向かって努力なさったのだから、仕方ありません。大変な世界でしょうが、どうぞ誇りを持って頑張ってください」

と、自主退学を認めてくださった上、マリア様のおメダイ（ペンダントのお守り）とザクロ色のロザリオをくださった。

親しい友達にも絶対（！）秘密にしていたので、彼女たちにも会いに行った。

私が授業中にときどき爆睡《ばくすい》しているので、何かやっているな、とは思っていたらしいが、まさか宝塚に入ってしまうとは、と目をまん丸くしていた。

『ベルばら』ブームの直後だっただけに、髪をバッサリと切った男役もどきの私の姿は、学校にちょっとした嵐を吹かせた。

そして奇《く》しくも、私の誕生日の四月二十一日に宝塚音楽学校の入学式。

入学式には、いままで見たこともない数のテレビカメラや新聞の取材が来ていた（母は、その入学式のときの新聞をいまも大切に持っているようだ）。

宝塚音楽学校入学式。南郷希恵（左）、舵一星（右）と

昔から憧《あこが》れていた宝塚音楽学校の校歌を、

「白雲なびく六甲《ろっこう》の、松の緑にいやはえて……」

と声高らかに歌ったときの爽《そう》快感《かい》は、忘れられないものとなった。

本科生の祝辞に対して、これからの志を読み込んだ答辞を読む。

いま、あの憧れの宝塚音楽学校の入学式で答辞を読んでいる……自分の身体から離れたところで声がしているような、不思議な感覚だった。

ただただ緊張していたのだが、講堂に流れ込んでくる桜の花の香りとともに、これから、私は、どんなふうになっていくのだろう、と考えていたのを覚《おぼ》えている。

ニュースで私の姿が流れたのを見た東京の祖父母も、大変喜んでくれた。


その日から寮生活が始まる。わくわくわくわく。

毎日修学旅行みたいなんだぞ、きっと。親元を離れて、もうおとなみたいだ。

毎日大好きな、歌や踊りのレッスンがたくさんある。

同期とは、仲良くできるかな。

私は、タカラジェンヌの卵なんだー！

もう、じっとしていられないし、自然にムニムニと笑ってしまっていた。

バラ色の生活が目の前に広がっていた。

†宝塚音楽学校——涙の予科、本科

宝塚に戻ったときは、これから始まる夢の生活にひたすら胸躍らせていた。

ときどきテレビなどで放映されるが、宝塚音楽学校の予科生の生活はかなりきびしいらしいことは知っていた。

でも恐ろしいと言われている一年上級の本科生のお姉さんたちも、合格発表のときあんなに優しかったし、皆おおげさだなぁ、と思っていた。

「大好きな宝塚での生活だもの。きびしくて当たり前、これこそ夢に見ていた生活だわ！」

などと甘いことを考えていた。

始業式。

「本科、入りますっ！」

シーンと静まり返った講堂に轟《とどろ》く本科一番委員の方の足音。

ここからきびしい予科生の生活が始まった。これは、想像を超えるものだった。

伝統の規則が一万個ぐらいあるのだ（ちょっと本当）。

しかも、いきなり親元を離れての寮生活。

学校から帰っても、寮にも規則が一万五千個くらいあるのだ（これもちょっと本当）。

一日の中で気を抜くところなんかないのだ。

ちなみに　当時の規則を少々。
☆上級生には、絶対服従（カラスは、白いー！）。

☆髪の毛は、顔に一本もかかってはいけない。したがって顔の回りは、アメリカピンだらけ。雷が落ちそうだった。
☆服装は、定められたとおり（これがまた、細かい！　バッジの角度とか、靴下を折るラインとか、私服とか）。
☆もちろん化粧《けしょう》は、だめ。
☆手は、いつもグウで、その中指はスカートの横の縫《ぬ》い目《め》にのせる。
☆廊下《ろうか》及び外の道は、いちばん外側を二列以内で歩く。
☆阪急電車には、上級生はじめお客様が乗っていらっしゃるから（宝塚は阪急電車が経営をしているため、予科生はその中でいっちばん下っぱの存在なのだ）、一番うしろの車両にしか乗ってはいけない上、すべての車両に向かってお辞儀《じぎ》をする。それが、遠い高架《こうか》の上を通る電車でも、まわりに誰《だれ》も人がいなくても、すべての車両ごとに、「お疲れさまでした。お疲れさまでした。お疲れさまでした。お疲れさまでした」とお辞儀をする。
その姿は、ちょっと変な人だった。
☆寮でも、お風呂の入り方だけでも「蛇口《じゃぐち》の向き」から「オケの置き方」まで、すべて決まっていた。
そして、しつこいようだが、本科生には、絶対服従であった。どんなに急いでいても、何が起きても、例外はなかった（これでも、前の年までもっとたくさんあった規則を一年上級生が改善してくれて、だいぶゆるやかになってきたそうだ）。

当然私のようなボーッとしている奴は、よく叱られた。

しかも一番委員になってしまい、同期すべてのお小言《こごと》はまず委員の私の上に落っこってきた。

♪だーれもいないと思っていても、どこかでどこかで……本科生は見ているのだ。

たとえば、三つ先の駅で電車にお辞儀と挨拶をしなかった予科生がいたとする。

次の日。

ドン！　ドン！　ドン！

……爆弾ノックが予科ルームという予科生の待機部屋に轟く。これがホントに怖かった。

思い出しても、涙がじわっと出てくる。

「昨日、逆瀬川《さかせがわ》の駅歩いてて、電車に礼してなかった人、誰？　一番委員！　その子連れて出てらっしゃいよー。わかってるのよ！」

まず、委員が即座に部屋の外に出て、本科生のお話をうかがう。

コワカッター。私は十五歳。本科生の委員の方は十九歳。もうおとなと子供。

で、その規則破りをしてしまった同期が誰かを見つけ出し、その子と一緒に廊下に並び、許してもらえるまで何日も何日も「反省」といわれるお詫《わ》びを申し上げる（「反省」は、お詫び自体のことを指し、歌劇団に入ってからも失敗をしたときなど、上級生に「反省に行く」というふうに用いるのだ）。

鼓笛《こてき》なんてのもあった。

これも授業のひとつで、軍隊のように列を組んで演奏をするのだが、代々楽器が受け継がれていて、担当の上級生の方がいる。

私は、なぜか指揮者になってしまったので、またしてもすべての鼓笛の責任を負う立場になってしまった。

本科予科合同の鼓笛の授業では、楽器を持つ角度、目線や足や手、指の位置や隊列の美しさはもちろん、帽子のかぶり方、楽器の磨《みが》き方、管理の仕方など「きっちり」指導してくださる。

なかなか完璧《かんぺき》にはいかず、当然、全員分のお叱りを受けるのであった。

しかも同期を束《たば》ねるにもトホホの最年少。

しかも当時一六七センチ、四二キロで、極端に腕力がないときている。

あの鼓笛の下におもりのついた金色の指揮棒ってのが、ばかに重く、一曲振るのもやっとだった。

こんなことでは、いけない！　と三キロアレイを買ってきて毎日寮でトレーニングしたが、なかなか普通に振れるようにならず、けんしょう炎になったり、泣きべそをかきながら日々を送っていた。

鼓笛隊の二番目の責任者が〈特大太鼓《とくだいだいこ》〉だった。

予科鼓笛指揮者

受験前、声楽のレッスンが一緒だった体育大付属校出身の彼女がその〈特大太鼓〉の責任者で、パワフルな彼女にいつも助けてもらっていた。

私は年中叱られているので、もう、皆を引っ張っていく指揮者というより、皆に守ってもらった指揮者だった。

この頃、本当に毎日泣きべそをかいていたので、同期でちょっぴりお姉さんだったしょう子ちゃん（黒木瞳）は、会うたびに「あの頃を思うと、ゆかちゃんもおとなになったね」と言うのだ。

そして、お掃除《そうじ》。

ときどきテレビなどで放映されるが、これがまた大変。

それぞれ分担が決まっていて、それぞれの掃除場所を二時間半ぐらいかけて掃除する。授業が九時からだったから、六時半頃には、学校に到着していた。

冬などは、まだ空は真っ暗だった。

「乙女橋」と言われる「宝塚大橋」を渡って寮から学校に行くのだが、六甲おろしが吹きすさび、まさに別名の「地獄橋《じごく》」そのものだった。

私の分担は、〈二階男子トイレ〉だった。

委員と指揮者で大変だからと、仲良しの本科生がこっそりいちばん楽なところにしてくれたのだった。

それでも、毎日本科生の点検があった。

これも代々受け継がれた方法で、お手洗いの中のすべてのツールをアルコールで拭《ふ》き上げたあと、地面をモップと雑巾《ぞうきん》がけ（どちらも氷のように冷たい水で、もちろん手絞《てしぼ》り）

して、一センチ四方のタイルの目地《めじ》ひとつひとつを綿棒《めんぼう》といちばん細い絵筆で文字どおりホコリひとつないように磨き上げていた。

毎日、ドアの取っ手も、真鍮《しんちゅう》磨きでマツゲが映《うつ》るくらいにぴかぴかに磨いていた。

もう異常にきれい。

お花も生ける。

生けるお花にも「咲いた花を生けてはいけない」という規則があるのだ。音楽学校の生徒は、まだ花が咲いていない「つぼみ」だから、だそうだ。

これも伝統。

夏場などは、昼になれば花は咲いてきてしまうから大変。冷蔵庫につぼみの花を入れ、咲く前に交換しなくてはいけない。

毎日、隣の〈一階女子トイレ〉分担で大阪の自宅から一時間半かけて通ってくる同期が、毎日朝五時に花屋さんを叩き起こして買ってきてくれて、それを生ける。

お手洗いといえども、そこは「聖地」で、私は、そこで食事ができるほど愛情を込めて磨き上げていた。

予科時代は、歌やバレエが上手になることよりも、どの洗剤がいちばんきれいに洗えるかということの方が、重要だった気がする。

それでも鏡を磨いたあとの雑巾のケバが六本ほど残っていたことがあり、掃除分担の本科生に大変きびしく「ご注意」を受け、お詫びをしても許していただけず、「掃除道具取上げ」という不名誉な（？）処置がとられた。

これは、もう一大事。

普通、「掃除道具なかったら掃除できないぜ。ラッキー。あしたから掃除しなくていいじゃん」と考えるのだが、当時は、本科生に言われなくても、誰より〈一階男子トイレ〉をきれいにすることに燃えていたから、「こんな不本意な結果になってしまったのは、私が未熟だからだー。あの鏡にケバを残してしまうなんて私は、なんてだめな人間なんだ。もう生きている資格もない」と、そこまで本当に大変「反省」してしまったものだ。

なんとしても掃除道具を返していただけるよう、どのぐらい反省しているか「思いのたけ」を「反省文レポート」で提出したり、休み時間中、お詫びをするために廊下に並んで本科生が通りかかるのを、「失礼します、お願いします。失礼します、お願いします」と呼び止め、例の「反省」を続けるのだ。

本科生が怒ってしまうと、いくら呼びかけても無視されてしまうことがよくあり、廊下には、「失礼します、お願いします」と叫び続ける予科生の涙交じりの悲痛な声が響いていた。

私は中卒で音楽学校に入ったので、上級生の言うことはすべて正しくて、本科生に求められることをすべてやらなくては、と熱くなっていたのだが、もちろん高卒の子の中には、「ったく、うるさいなあ」と心の中で思っている、クールな子もいた。


ある掃除分担が「掃除道具取上げ」になり、本科生が、

「もう、あなたたちに掃除なんかしてもらわなくてもいいわよー！」

と、ホウキを持っていこうとしたとき、予科生の責任者が涙ながらに反対側のホウキの先をつかみ、

「失礼します。お願いします。今後は私たちが責任を持ってお掃除させていただきます。本当に申し訳ありませんでした。失礼します、お願いします。すみませんでした。返してください」

と、ヒステリックにホウキの引っ張りっこになった。

「離しなさいよー。もうあなたたちには、渡さないわよ！」

それぞれの同期が加勢し、一本のホウキをめぐって六人が争奪戦を始めた。

すると、その高卒の予科生が低い声で、

「オーエス、オーエス……」

それが本科生の耳に届き、逆鱗《げきりん》に触れたことは言うまでもない。

いまでは笑える光景だが、当時その中にどっぷり浸《つ》かり込んでしまったものだった。


そして、予科生はいつもひもじかった。

当時は、コンビニもお弁当屋さんもまったくなく、夜も外出できなかったので、買いおくこともできなかった。

当然、食生活は悲惨《ひさん》だった。

日頃は、日持ちのよい生の食パン（これが美味しくない）に、ノリの佃煮《つくだに》を塗り、スライスチーズをのせたモノを常食していた。

しかも二週間に一度くらいしかパンを買えなかったから、緑色の物体が多少パンの上に生息していても、「ペニシリンは身体にいい」などと、わけのわからないことを言って、たくましく食べているような毎日であった。


それが！　学校が始まって数日経ったある朝、いつもと違う道を通ってみると、早い時間から開いているパン屋さんを発見した。

そのパン屋さんからは、卒倒しそうな香ばしいよい香りが漂ってきた。いつもお腹がすいているものだから、かなり遠くからその香りをかぎつけたのだった。

まるで、砂漠でオアシスを見つけたような気分だった。

同期何人かとそのパン屋さんになだれ込むと、生まれてこのかた見たこともない、夢のように大きいキツネ色にこんがり焼けたふかふかのパンがあった。

即座に、

「おじさんっ！　あの奥の棚《たな》にあるいちばん大きいパンくださいっ！」

多分、皆の瞳《ひとみ》には、星が出ていたであろう。

しかし……。

「ああぁー、あれはだめだなぁ、売れないねー」

「えー、なんでですか？　私たちには売っていただけないんですか？　私たちが予科生だからですか？　それとも、予約なんですか？」

涙目で、意気消沈の私たち。

「そう、予約。あれは白くま用のだから」

……学校は、ファミリーランドという遊園地の敷地の中にあり、確かに白くまが近所に住んでいるのは知っていたが。

そこは、普通のパンは、売っていなかった。

この頃、週に一度、東京の母から宅配便でコーヒーやジャムのガラス瓶《びん》に入ったお手製の煮物やお総菜《そうざい》が送られてきた。

私は、とくに母の牛肉の佃煮が大好きだった。

この日は、私たちには特別な日で、他の同期がお母さんから送ってきたものを持ち寄り、ママから送ってもらうことのできないメキシコ出身の同期、幸風《さちかぜ》イレネちゃんも交え、遅い時間から、こそこそ誰かの部屋に集まって（部屋に何人も集まってはいけない規則があった）、ひと言もしゃべらず、にこにこと顔を突き合わせ、ささやかな幸せを味わった。

いま考えて見ると、少々無茶なこの生活のおかげで、同期の結束がかたくなったり、舞台で守らなければ、大きな事故につながりかねない細かいマナーを、身体を張って守ることを覚えたり、妙なところから他愛もない自分の仕事に異常に誇りを持つことを学んだ気がする（いまだに「私の掃除場所は、〇〇教室　〇〇分担だった」と誇らしく言う奴が多い）。これは私たちの時代のハナシで、いまはだいぶ改善されているそうだ。でもあの「普通じゃない生活」の中でそれを体験できたことは、ちょっと貴重だった気がする。

もちろん授業もしていたはずなのだが、本科生に謝っていたことしか覚えていない予科時代であった。

三矢、本科生となる！

鼓笛とお掃除と反省がほとんどすべての涙、涙《なみだ》の予科時代が終わり、晴れて本科生となる。

とりあえず抑圧された生活から解放され、四〇キロになってしまっていた体重が、いきなり六キロ増えた。

本科になると、予科生の指導をしなくてはいけない立場になった。

本科になってみると、「鬼《おに》」のように怖《こわ》いだけと思っていた指導も、実際その立場になってみると結構労力のいることで、私はとても苦手《にがて》だった。

しかも私は中卒で入学したので、下級生の方が年上で、受験前通っていたバレエのちょっと怖かった先輩なんかも予科生で入ってきた。

立場逆転、なんとも気まずいものだった。

それでも、この伝統を伝えるのが本科生の役目なのかなあ、と最初は少々びびりながら、ときどき注意したりしていた。

この頃から、やっと稽古《けいこ》らしい稽古ができるようになった。寮にはピアノが数台しかなかったので、朝、予科生と一緒に六時半頃から学校に行ってピアノの順番を取り、授業が始まるまでの二時間半、好きな歌をポロポロ弾《ひ》いて歌ったり、苦手なピアノを稽古したりしていた。

また、学校がファミリーランドの中にあったので、ときどき……天気のよい日には、授業を抜け出した。

空が真っ青な日など、昼休みに食事をしてしまうと、学校に戻りたくなくなっちゃうのだ。

平日などは、乗り物係のお兄さんたちも退屈《たいくつ》なものだから、仲良しになって、ジェットコースターとかモノレール、スペースマウンテンなど、乗り放題に乗せてもらった。

スペースマウンテン（ディズニーランドのスターツアーズのような感じの乗り物）に七連続で乗せてもらって、酔って具合悪くなってしまったり、教室の真横を通るモノレールに乗って遊んでいたら、お琴《こと》の授業をしていた先生に見つかって、こっぴどく叱られたりしたこともあった。

どうしてもアイスクリームが食べたくなって、休園日にカギのかかっていない冷蔵庫からこっそりいただいて、皆で食べた、なんてこともあった（ごめんなさーい。つぎの日お支払いしました）。

寮も本科になるといきなり極楽《ごくらく》であった。

基本的に電気製品は使用禁止で、予科時代には電気ポットをこっそり隠し持っている子はいたのだが、本科になると、徐々にテレビや電子レンジやオーブンを運び込み出すのだ。寮長先生に見つかるとすべて没収されてしまうのだが、それでも懲《こ》りずに皆持ってくる。

そこまで電気製品が揃うと、もうほとんど自炊《じすい》もでき、毎日誰かの部屋でテレビを見ながら、にぎやかに晩ご飯会が開かれるのである（寮長先生ごめんなさい）。

カッコつけていた本科時代。舵一星（右）と

この頃から、ダンスや演劇の授業で、「男役」の勉強をするようになる。

筋力など、身体がまだできていなかったので、女役を持ち上げるリフトなどでは、よく相手役を落っことしたり、演劇の時間もへなちょこなくせにカッコだけつけて、なんとも気持ち悪い男役をしていた。

当時の写真を見ると、肩に思いきり力を入れて頑張っているのがよくわかる。


そんなわけで、よく学び、よく遊んだ一年間だった。

そして、夏休みの大きなイベントは、「芸名を決めること」である。

一世一代の大仕事。

上級生に同じ名前があってはいけない、読みにくいモノや全部平仮名は控えるという規則がある上、なんてったって、この先一生つき合っていく名前なのだから、画数や縁起も考慮《こうりょ》して真剣に真剣に決めた。

私も百種類以上の名前をリストアップしてから、自分で野末陳平《のずえちんぺい》氏の画数の本を熟読したりして、母の知り合いの占いの先生にみてもらい、最終的に三つに絞り、それを劇団に提出した。

さんずいなど「水」関係の名前がいいとか、シンメトリーの名前がいいとか、ら行が入っていると出世するとか、本科生の間に諸説が飛び交った（私は、どれも当てはまらないが）。

私は三本の矢のように技と身体と心を鍛《きた》え、素直に生きたいという思いを込め「三ッ矢直生」という名前を第一候補にした。

鏡を見て「私は三ッ矢直生」と言ってみた。

照れくさかったが、なんだかますます本当のタカラジェンヌになった気がしてきた。

後日談なのだが、じつは、数年間この名前を使っていたのだが、のちに舞台での怪我《けが》が続いたので、三ッ矢の「ッ」を取った。

✝初舞台——ジェンヌ時代

◎原点

あっという間に二年間の学校生活も終わりに近づき、本科生三学期の終わりのある日から、劇団に初舞台のラインダンスの振付《ふりつけ》を受けに行くことになる。

いままでの音楽学校とは別棟の、宝塚歌劇団の建物に入る。

「この日のために！　この日を夢見てやってきたんだ！」と思うと、感動はひとしおであった。

大劇場と同じ大きさの一番教室で、振付を受けることになる。

振付は、何回も先輩方の初舞台の振付を手がけていらした喜多弘《きたひろし》先生。

その年も、その喜多先生が振付を担当されることになった。

あの『ベルサイユのばら』の振付も手がけられた先生で、なにやらきびしいらしかった。

私たちの姿は、黒のレオタードに黒のタイツ、足元は、白の三つ折りソックスと白のスニーカー。胸には、夏休みに決めたばかりのピカピカの芸名を書いたゼッケン。

「ぅわあぁ、本当にタカラジェンヌになるんだー！」


喜多先生は、とても小柄な方だったが、気合の入ったタンクトップから見える筋肉とリズムをとるためのシンバルとバチが、これから始まる稽古のきびしさを予感させていた。

「おまはんらなあ、舞台なめとったらあかんでえ。覚悟しときやっ！」

バアーンッ！　強烈な河内弁とともにシンバルの轟音《ごうおん》が鳴る。

す、すご……。

まず初日は、ランニング、筋肉トレーニングと開脚と柔軟体操をしたような気がする。

八人のグループに分けられ、担当の上級生のもと、二人組みになってお相撲《すもう》さんのマタ割りのような前後開脚のあと、グループ全員の足がリズムどおり手も足もきっちり角度が揃《そろ》って頭につくまで、連帯責任でトレーニングが続けられた。

何時間も延々と続く「首振り」、「もも上げ」、「足上げ」。

「おまはんらは、初舞台で羽ばたくひな鳥なんじゃー。舞台に立ててうれしくないんか！

うそ笑いではイカンのじゃ！」

と、心からの一〇〇パーセントの笑顔を要求される。

稽古の初日が終わると、同期全員、筋肉痛で稽古場からの階段が降りられなくなってい
た。足の裏も皮がむけて、血がにじんでいる子もいた。一度しゃがんだら立ち上がれなか
った。寮に帰って、はじめての稽古の緊張に心身ともに疲れ果て、ぼろ布のように眠った。

つぎの朝、目覚《めざ》めて、「こんなに身体中痛いのに、身体動くのかなあ」と心配になった。

翌朝、稽古場に行った。私たちより早く喜多先生はいらしていた。

命をかけているようだった。

九時から「足上げ」が始まった。

バアーンッ！　シンバルが鳴ったら、あんなに痛かった足が頭についていた。

気合だった。

同期の誰もが同じだった。

前日、真冬の地獄橋を、筋肉痛のため顔を引きつらせ、足を引きずり、手すりにつかま
り、はうようにして帰ったのに、心からの笑顔で足を上げていた。

ラインダンスは、一見皆うしろで手をつないでいるように見えるが、実際は、手は触れ
合ってもいない。

一人一人独立して踊っているのだ。

一糸《いっし》乱れぬラインダンスで統一の美を求められるだけに、一人の責任がずっしりと重かった。

タイミングが合わないと灰皿が飛んできたし、うっかり振りを間違えた子は、

「舞台にうっかりは、ないんじゃ。おまえは根性が曲がっとんじゃ。故郷へ帰れ。二度と出てくるな！」

と、怒鳴《どな》りつけられた。

本当に怖かったが、皆先生が大好きだった。

きっと、絶対にいいラインダンスを創《つく》ってやる、という気合を感じていたからなのだ。

身体中痛くても、めちゃくちゃに叱られて、私はなんでこんなことができないんだろう、と情けなさに毎日泣いても、やる気だけは消えなかった。

シンバルの音を聞くと、身体はぼろぼろでも、にこにこ笑って全身のエネルギーを使って毎日足を上げていた。

稽古が終わると、やっぱり歩けなかった。

あの頃、きっとすごい姿と形相《ぎょうそう》で宝塚の町を歩いていたんだろうなあ……と思う。

こんな稽古が約一カ月続いた。

私の軟弱な足は、疲労骨折を起こしていた。

私だけじゃなく同期全員身体がきつそうだったから、私だけにそんなことが起きているなんて思っても見なかった。

思いきりの笑顔と気合で踊っていたし、踊りたかった。

でも足は、ドラえもんのように太い筒形になっていた。

医者には、絶対に歩くな、舞台なんて絶対無理だと言われた。

ドクターストップだった。普段は、立っているだけで痛くて、頭の芯《しん》までずきずきと痛かった。

初舞台から休演なんて、死んでも嫌《いや》だった。

何のために稽古してきたんだよう……軟弱な自分が嫌で、涙がポタポタ落ちた。

どうしても、どうしても、治《なお》りたかった。

幸運なことに、二日間、稽古が休みの日があり、その間に針やら整体やらお灸《きゅう》やら、効《き》いているやらいないやら、ものすごく痛い治療もあったが、片《かた》っ端《ぱし》から通った。

二十カ所ほど、ずぼずぼ足に針を刺して血を抜くなんていう荒治療もあった。

すると結局どれが効いたのかわからないのだが、奇跡のように三週間続いていたハレが引いていた。

身体も気合で治ってしまうのだった。

初舞台公演には、恒例で、公演の稽古中に上級生と記者さんたちへの初舞台生のラインダンスの「稽古披露目《ひろめ》」という日がある。

この日、喜多先生は、全身「白」の稽古着で挑《いど》んでいらした。

バアーンッ！　例のシンバルが鳴る。

私たちのラインダンスの曲、『ファースト・ラブ』がかかる。

前奏から始まる。

五分間。

ラインダンスとしては、けっして短い時間ではない。

夢中で足を上げ続ける。

最後の足上げ、ワン・トゥ・スリー・フォー！……決めのヤア！

……上級生の方たちの嵐のような拍手。

先輩方も皆さん通っていらした道なので、初舞台の熱い気持ちを思い出して目頭を熱くしていらした。

私たちも、なんだかわからずにおいおい泣いた。

かつて経験したことのない、ものすごい達成感だった。

そして、このお披露目のとき、誰よりもうれしそうに目を真っ赤にしていたのが喜多先生であった。

「努力と根性そして誠意」これが、喜多先生のモットーである。

手は出る、足は出る、の稽古。

いまだったら、なにかと問題になってしまいそうな稽古だったのだが、皆信じてついていった。

喜多先生の振付で初舞台を踏んだ生徒は、ご恩返しとして、自分の組で、喜多先生の初舞台生振付があれば、助手の「初舞台のお姉さん」として、お手伝いをする。

一組十人程度の初舞台生を受け持ち、その十人を絶対足が頭につくまで指導する役目なのだ。

私の組では、愛華《あいか》みれちゃんたちの学年のときと、和央《わお》ようかちゃんの学年のときに、「お姉さん」をした。

喜多先生のモットー「努力と根性そして誠意」を持って。

確かに浪花節《なにわぶし》っぽい。

三矢チームの可愛い下級生と

でもこの喜多先生との出会い、これがじつは、私の原動力になっている気がするのだ。

「初日の幕は決まった日に開くんや。そこまでに死力を尽くしてやらなければあかん」

私が、何か越えなくてはいけない山にぶつかったとき、あの初舞台より大変なことはないだろうと思うし、もしもっと大変なことがあったとしたら、もっとすごい達成感があるのだろうと思ってしまう。

「わしは、おまえらのお父っつぁんや。自分に負けたらあかんで。おまえらどこに行っても見てるからな。ちゃんとやらなあかんで」

と、いつもおっしゃっていた、われらが喜多弘は、一九九九年一二月、他界されてしまった。

✝ヤアッ！　研一時代

宝塚では、スターさんから、一年目の下っ端まで、全員「生徒」である。だからすべての生徒は、入団一年目から研究科一年、二年、三年というふうに呼ばれるのだ。それを短縮して、研一、研二と呼ぶ。

宝塚歌劇団研一（研究科一年生）として初舞台公演の幕が開く。

日本物の『宝塚春の踊り』そして洋物の『ファースト・ラブ』というショーに出演した。

初日の幕が開いた瞬間は、「あ、舞台から見るとお客様はこんなふうに見えるんだ」と見渡す限り模様のように見えるお客様にびっくりした。

生まれてはじめて浴びる強いライトが身体中に当たっているのと、緊張しているのとで、顔がカアーッと熱くなった。

でもなぜだか、身体の中はなんだかスーッとした、すがすがしい風のようなものが通り抜けていった。

これを経験してしまうと、もう舞台はやめられないらしい。

ラインダンスで足を上げているだけで、毎日幸せだった。舞台に出るだけでエネルギーが充電されるようで、くらくらするほど満ち足りた気分になった。

毎日、ヤアッ！　と足を上げていた。

自分が出ていない場面は、上級生の身の回りのお手伝いで走りまわっていた。

上級生の衣装には、早替わり用をはじめ、格好よく見える様々な仕掛けがしてあった。

表から見ると普通のボタンがついているカッターシャツが、裏はマジックテープで五秒で着られるようになっていたり、まわる振りのときシルエットが美しくなるように、燕尾《えんび》服のしっぽに五円玉が入っていたりした。

早替わり用のかごに、着る順番に衣装を広げて積み上げ、その手前にブーツも短靴もチャックを開けて靴を外側に広げて、用意をするのだった。

舞台衣装に触《さわ》れること自体がはじめてだった私には、ひとつひとつが驚きだった。

はげしい振りを踊るとき乱れないように、上級生のかつらを（ちゃんと風になびくように縫《ぬ》うのが難しい）、毎日、透明のテグスで縫い直したりと、早替わりのお手伝いが責任重大だった。

にこにこと笑って踊っていらっしゃる、上級生の娘役さんのドレスも一見、肩ひもがついていないようだが、じつは、細いテグスで支えられていて、豪華なドレスなどは、重くて肩に食い込んで、血が出ている方がいてびっくりしたこともあった。

秒単位での早替わりでは、かつらの置き方や靴の置き方、チャックの上げ方で、上級生を出遅れさせてしまうこともあるので、毎日ぴりぴりしていた。

芸を盗むなどと言うが、何人かの上級生のお手伝いをしていると、それぞれ舞台上での芸のことも舞台裏のことも、あらゆる工夫をしていらっしゃるので、それをお手伝いしな

初舞台。『春の踊り』（中央）

初舞台。ラインダンス（左から４人目）

がら学ばせていただいた。

丁稚《でっち》のようだが、初舞台生の楽屋着は浴衣《ゆかた》を短く縫い上げたものなので、姿もそんな感じで、楽しく駆《か》けまわっていた。

自分が出ている場面では、まだ舞台に慣れず、よく失敗もした。靴をホームランのように客席に飛ばしてしまったりした。絶対に飛ばないように透明のビニールテープでぐるぐる巻きに足にがっちりつけるのだが、巻きが少なくてしっかり止まっていないと悲劇の「靴飛ばし」をしてしまうのである。

客席に飛ばした靴を父兄が楽屋に届けた話や、ラインダンスで足を上げていて、自分の顔の前まで足が来てはじめて、左右違う色の靴をはいていたのに気がついた話など、初舞台は靴の「反省」が圧倒的に多かった。

失敗すると、予科時代の「反省」と同じように組のいちばんの上級生である組長さんをはじめ、ご迷惑《めいわく》をかけたすべての上級生に靴を手に持ってお詫びにまわる。

「失礼致します。研一の三矢直生ですが、本日のショー『ファースト・ラブ』第二十二場ラインダンスの場面で靴を飛ばしてしまいました。大変ご迷惑をおかけ致しました。以降気をつけさせていただきます。申し訳ありませんでした」

と、各お部屋をまわる。

上級生の方は「気をつけてね」と優《やさ》しくおっしゃるくらいなのだが、これがまた、ブルーになるのだ。もちろん、わざと失敗することなどありえないのだが、この反省にまわっているときの自己嫌悪《けんお》感は強烈で、二度と失敗はしたくないと思うのだった。

夢中で過ごした初舞台の公演、一カ月半もあっという間に過ぎ、千秋楽が近づいてくる。公演が終わってしまうのが辛《つら》いのと、可愛がってくださった上級生の方々とお別れするのが悲しくて、大泣きしていた。つぎの公演には、どこの組に配属になってしまうかわからないし……。そのまま泣くとアイラインなど化粧が取れて恐ろしいパンダ顔になってしまうので、ちょっとシュールなのだが、私たちはよく目頭に綿棒を二本ずつ差し込んで泣いていた。

化粧《けしょう》前に並んだ初舞台生が、目に綿棒を刺している姿は、ブキミであった。お見せできないのが残念だ。

宝塚は当時、花組、月組、星組、雪組と四組あった。

初舞台の年の夏頃、組配属が発表になる。

もちろん私は、初舞台を踏んだのが花組だったので、大好きな上級生のたくさんいる花組に配属されたかった。

そして、奇跡的に憧《あこが》れの花組配属が公示になった。

前の年の退団者の兼ね合いで、各組とも背の高い男役が欲しいとか、歌える女役が欲しいとか、いろいろに振り分けられるようだが、生徒にはその内訳などは、まったく知らされていない。

その結果、同期の中でも、星組には踊れる子が多く配属され、雪組には芝居の上手な子と歌える娘役。黒木瞳、涼風真世などのいた月組は、美しい子が配属になった。

そして私の配属になった花組は、「その残り」と言われていた。

このときに配属になった仲間がずっと一緒に公演をしていくことになるのであった。

私たちの花組は、他の組より一人、人数が少ない九人だったが、個性の強い子が多かった。

この頃、はじめてのお給料をいただく。

緑色で「清く正しく美しく」と書かれた封筒に明細が印刷されていた。

家族にプレゼントを買って食事をしたら、なくなってしまった。

けっして多い額ではなかったが、十七歳で自分が身体を動かして生まれてはじめて手にしたお給料は、とても重かった。

✝初ソロ

つぎの年の春、もう、一年下の初舞台生が入ってきた。

もう、二年目。ちょっぴり上級生である。

その研究科二年の春の公演。はじめてのソロをさせていただく。やったぁ！

ひとつの公演には、毎回、若手の力を伸ばすための新人公演というのがあった。

清らかな美少年、吟遊《ぎんゆう》詩人の役だった。

白タイツ、ハープを持っての登場。

舞台稽古。

もううれしくて、うれしくて。

あまりに下級生で、ことの重大さも感じず、ただ気持ちいい！　と歌わせていただいた。

歌は、ね。

問題は、化粧。

それはそれは、すごいできだった。

宝塚は、眼がブルーというのがお約束なのだが、まだ、そのブルーをどう使っていいやらわからない。

その上、生まれてはじめてピンスポットの当たる役だし、化粧にも気合が入る。

すごい化粧の新人公演で

でもわかんなーい……。仕方ない、何かの本で読んだとおりやってみよう、眉毛《まゆげ》は、細目の方が品がよくなるらしい。

あとは思い込み。アイシャドウは、ブルーをいっぱい眼の上に入れればきっと外人さんみたいになるに違いない。口紅も紅い方が、華やかになるに違いない。

ありゃりゃ、どうも変だ。

本役さんからお借りした、金髪のやや長目のマッシュルームカットもなんか変。全然、似合わないみたいな気もスル……。

舞台稽古では、エンドラ（「奥様は魔女」のサマンサのママ、気の強い老魔女。皆様ご存知だろうか?）ができ上がっていた。

私のすんごい化粧を見かねた本役さん（宝《たから》 純子《じゅんこ》さん）が、舞台稽古終了後、舞台に駆け上がってきてくださって、「もっと、ちゃんと化粧も勉強しないとだめよ」と、本番には、ベースからお化粧してくださった。

そのあとも、たくさんの上級生の方に、舞台のことや物事のとらえ方など本当にいろいろなことを教えていただいたが、いま思えばこんなことは「自分が大切なのが当たり前」の外の世界では考えられないことで、宝塚って上級生、下級生のこういうところがすばらしいと思うのだ。

この頃から、応援してくださる方ができてくる。「応援しています」なんていうお手紙をいただくようになり、気恥ずかしい思いで一生懸命、お返事を書いたりしていた。

当時、宝塚歌劇団の寮に住んでいたのだが、ある朝公演に出かけようと思ったら、寮の前に私よりすこし年上の女の子が待っていてくださり、ちょっとはにかんで、

「あのう、三矢さん。ずっと応援させていただいています。楽屋口までお送りしていいですか?」

と、言われる。

「あぁ、ありがとうございます……そうですか。じゃあ、ご一緒しましょうか」

その恥じらっている女の子と一緒に歩き出しながら、どうしてよいかわからない私は、天気の話やその人が住んでいる場所の話なんかをしながら、宝塚大橋を渡って楽屋に向かったような気がする。

下級生の頃のブロマイド

はじめてお見合いをしてる男の人みたいだった。

楽屋に入る間際に、

「これ、よかったら使ってください」

と、ブルーのポーチをいただいた。

その方は、毎週末、寮まで迎えにきてくださり、公演中のお弁当を作ってくださるようになった。

だんだん、「応援しています」「この公演のときのあなたのこの仕草《しぐさ》が好きです」なんていうお便りをいただくようになって、この大劇場、三千人もいるお客様の中で、私だけを観てくださっている人もいるのかぁ、と思うとうれしかった。

ただ、力いっぱい踊っているだけじゃなくて、もっともっと魅力的になって、観てくださる方を楽しませなくちゃいけないんだな、なんていう気持ちも生まれてきたのであった。

改名

『霧深きエルベのほとり』という作品のとき、開幕直後のビア祭りの場面、下級生ばかり三十人ぐらいで、猛スピードで横切る振りがあった。

私は、その先頭でもちろん、張りきっていた。

いつものようにヒヤッホー！　とかけ声をかけ、その日も加速をつけてケイキよく飛び出した。

あ、この頃、靴滑《すべ》るんだよな……そんなことを思った瞬間！

床が顔の前にあった。

人迷惑なことに先頭だった上、皆猛スピードで進んでいるため避けきれず、舞台上に大きな雪ダルマならぬ人ダルマを作ってしまった。

私は、その人ダルマのいちばん下でつぶれた虫のようになっていた。

客席もどよめき出す始末。

私はとっさに、「わああ、皆に大迷惑かけちゃった、どうしよう。上級生にいっぱいお詫びに行かなくちゃあ」と、かなり憂うつな気分で袖《そで》に入った。

自分の足のことなんか全然意識になかった。

上級生の方たちが、

「あそこ、怖いと思っててん、大丈夫かあ？」

と駆け寄ってきてくださった。

「あ、もう本当に申し訳ありません……とほほ」

地下の診療所から、看護婦さんも上がってきてくれた。

「そんなあ、すみません……大丈夫ですから」

と言って歩こうとしたら、あっという間に足がはれ出した。

十五分後には、膝《ひざ》がビール瓶《びん》のようになった。

足を引きずりながら生徒監のお父ちゃんに病院に連れていってもらったら、じん帯が切れかかっていた。

その直後、稽古中に数回ねんざをした。

もともとが、おっちょこちょいなのだが、それにしても怪我《けが》が続きすぎていた。

まったくドンクサイにもホドがある。

その頃、同じマンションに姓名判断の先生が住んでいらした。その先生のお宅にも、お腹がすくと年がら年中、

「コンニチハー」

と、乱入していた。

本科生のときに熟慮してつけた芸名だったのだが、

「三ッ矢のッを取って、三矢直生にすると、絶対に舞台での事故に遭《あ》わない、さらにあな

た自身と相性のよい名前になるよ」

と、言っていただき、改名することにした。

そのとき、その先生に、

「その上、この名前にすると、好きなことだけして人生を生きていかれるようになる」

と、言っていただいた。

いま、かなり好きなように生きているし、あれから、大きな怪我もせずまったくすこやかに暮らしているから、確かによい名前になっているかもしれない。

人生ってこんなことでも変えられるものなのだなあ、と思ったものだ。また、それをあっさり信じている私は、ホントによい性格なのだ（性格がよいのではない）。

†新人公演初準主役

研究科三年のとき、『メイフラワー』という公演の新人公演で、準主役大浦《おおうら》みずきさんの役をさせていただく（口絵写真）。

私はメイフラワー号の一等航海士の役で、同期の水原《みずはら》環《たまき》ちゃん演じるマリーという自由奔放な娘に恋心を抱くという役どころであった。

このときは二回新人公演があり、一回目は翼《つばさ》悠貴《ゆうき》さんがなさった。

おおまかな振りや動きは、台本を持って、本公演を花道から見て覚えていたものの、きっちり振り移しをしていただくと、細かい身体の使い方など神の域に近い宝塚イチのダンサー、大浦さんの動きは、舞台に出て三年目の私などには、とても到達できない、果てしなく遠い世界の芸だった。

それでも、大浦さんは、遅くまで稽古につき合ってくださったり、お化粧を見てくださったり、衣装の着こなしを教えてくださった。

皆の真ん中で踊る緊張感、かつてないほどのセリフの量。

二枚目中の二枚目の役で、踊りやリフトもラブシーンも力いっぱい演じた。

終演後もそれなりに、やりとげた！　というすがすがしい感覚に包まれていた。

演出家の先生たちの評判や機関誌での評価も、「下級生ながらしっかりと演じていた」と評判もまずまずだった。

応援してくださる方も格段に増えた。

しかし、父の評価は超辛口だった。

「なあ、ゆかちゃん。やってみてわかっただろう。同期生の中でおまえだけがよくなかったよ。舞台なんて向いてないんだよ。君は、もし宝塚にずっといたとしたって、芽なんか出やしないし、年とっちゃうだけだよ。早く退《や》めてお嫁に行きなさい」

と、言われた。

いまも忘れられない。父のこの言葉。

いまもって、その真意はわからないのだが、私ははげしく傷ついた。父に内緒で宝塚を受験して以来、私が舞台に出ていること自体、気に入らなかったのかもしれないし、彼の目には、男役をやっている私が奇異に映ったのかもしれない。

しかし、全身全霊をかけて取り組んだ娘に対し、公演中にそれはないだろう。

新人公演『微風のマドリガル』で水原環（左）と

いまなら、
「もうちょっと言い方があるでしょう」
と、冷静に話すこともできたのだろうが、もう、ずばっと日本刀で真っ二つにされたように傷ついたのだった。
そのとき、相当落ち込んだのだが、すこししてから

「私は、舞台に出ることが大好きだし、お嫁になんか行きたくない。絶対、宝塚で幸せになってやる。私の舞台をいいと言ってくださる方がいる以上、絶対にやってやる！」と、なぜかフツフツと、やっとガッツが湧《わ》いてきたのを覚えている。

✝玄人《くろうと》はだし宴会

公演の楽しみのひとつに組宴会がある。

組の慰安会のようなもので、温泉料亭を借りきり（当時、宝塚村の人々はタカラジェンヌに寛大で、そういう遊びには喜んで場所を提供してくださったのだ）、中日過《なかび》ぎの終演後、行なわれる。

もちろん、外部の方は一切入れないイベントながら、ひとつの興業として成り立ってしまいそうな、大がかりで華やかな催し物であった。

仲良し衣装部さんにお願いして、その宴会用に衣装を作ってもらったり、きちんと和服を着つけてもらったり、メイクもバッチリ、稽古もバッチリ。

各学年や、仲良しチームでグループを組み、ゴスペルコーラスからダンス、芝居、ミュージカルもどきまで、多いときには、一度の宴会で十演目ぐらいプログラムがあった。

忙しいトップスターさんも、忙しい公演の合間を縫って、宴会の稽古をしていらした。

遊びも仕事も大まじめなのだ。

下級生でも企画力抜群のプログラムが出てくる。

白い布を舞台半面に張り、それを水ということにして、二人ペアで見事なシンクロを見せてくれた下級生がいた。

布から絶妙のタイミングで四本のマッチョな足が出てくるのには、拍手大喝采《だいかっさい》だった。

もともと下級生のときから何でも達者な人たちだったのだが、その中の一人はいまトップスターになっている。

下級生のときからトンガッテいて、頭脳と身体で笑わせてくれた。

また、『名探偵《めいたんてい》はひとりぼっち』という高汐巴《たかしおともえ》さん主演の作品のとき。

ニューヨークが舞台の、ギャングがたくさん出てきた作品だった。

ギャング宴会というのが、宝塚の温泉旅館で行なわれた。

私たちは子分のギャングということで、浴衣にステテコ尻からげ、ロウでスネと顔に傷を作る、そして、ゴルゴ13のようなメイク。

その日は、そのまま会場入り。

まじめに遊んで、まじめに仕事をしていた。

†地方公演罰ゲーム

私は、地方公演（いまは、全国ツアーと言うそうだ）が大好きだった。

そのときによって人数、編成も違うが、一つの組の中でバウホール（小劇場）公演と地方公演に別れ、だいたい四、五十人前後で旅公演をする。

宿舎も様々。ビジネスホテルのときもあり、おどろおどろしい旅館のときもあった。

宝塚村からバスで行ったり、電車で行ったり（この頃、電車で移動中の乗換駅《のりかえ》にバウホール組三十人ほどが「予科生」に変装《へんそう》してとつぜん出没《しゅつぼつ》。無理やり荷物を運んでくれたり、山梨《やまなし》の駅に着くと、ぶどう売りのおじさんに化けて出迎えてくれたなんてこともはやっていた）。

だいたい公演は、のどかな田園の中にそびえ立つ超近代的な劇場で行なわれた。昔は体育館などで公演していた、なんていうお話もうかがったが、地方都市ほどスバラシイ劇場だった。

私は、九州の町を電車でまわった公演が大好きだった。

旅の間は、普段お話しできないような上級生と一緒にお食事に行ったり、移動日には観光もした。

毎日、

「今日遊びに行きたい人！」

という声が上級生からかかると、迷わずくっついていっていた。

いつも末っ子のポストが好きで、十年以上も上級生の方たちにいろいろなところに連れていっていただいた。

日本中にいらっしゃる昔からの宝塚のごひいきさんは、旅の間も豪快《ごうかい》に生徒を遊ばせてくださり、美味《おい》しいモノの美味しい食べ方とか、美味しいお酒の飲み方、遊びの美学などを教えていただいた。

宝塚に入らなかったらきっと足を踏み入れることのなかったような粋《いき》なお店に、たくさんご一緒させていただいたのもこの頃である。

トップスターさんも一緒に、全員で移動中の乗り物の中でトランプやウノなどのカードゲーム大会に参加するのだが、このカード大会の罰ゲームは、かなり、大がかりな（？）モノもあった。

九州公演の電車での移動中、「三分間の停車時間中に階段を昇って、隣のホームで売っているさつま揚げを十個買ってくる」とか（電車に乗り遅れたらどうするつもりだったんだろう?）、「タクシー乗り場の真ん中に走って行って〝宝塚歌劇団の皆様、こちらから順番に乗ってください！〟と全員に聞こえるように言う」とか。

バスでの移動中、「隣の観光バスに乗り込んで万歳三唱をしてくる」なんていうのもあった。

このはじめて登場した「万歳三唱」の罰ゲームを、皆、恐れていた。

このときのウノは、異常な緊迫感《きんぱくかん》があった。

自分が罰ゲームに当たらないように、どきどきはらはら。

本当にやるの？　っていう感じだった。

ところが、この「万歳三唱の罰ゲーム」に当たってしまった新進娘役スターさんの彼女は、お見事だった。

私と一年違いの上級生で、可憐《かれん》な娘役さんだった。

隣のバスに乗り込むや、

「私宝塚歌劇団の梢真奈美《こずえまなみ》と申します。本日は、皆様のバスのお隣になりましたのをご縁に、皆様のご健勝とますますのご発展を祈念《きねん》致しまして、万歳三唱をさせていただきます。ばんざーい！　ばんざーい！　ばんざーい！」

と、さわやかな笑顔で見事に罰ゲームをやってのけた上、大拍手で送り出されて戻ってきたのだった。

ふむ、さすが舞台人、さーっすがタカラジェンヌ。肝っ玉が座っている。

バスの中には、絶対彼女のファンになった人もいたに違いない。

地方公演のとき、外出先で（右端）

ホントにおっとりと可愛い感じの方だったのだが、現在は渋谷で「ラファエロ」というウェディングのお店をなさっておられる。

やはり、発想の転換というか自分でポジティブにことを運んでいってしまう人は、本当に何でもよい方向に動かしていけるのだなあ、といま思い起こしてもあっぱれなデキゴトである。

状況って当人次第でどうにでもなるモノで、考え方次第。逆境なんてないのかもしれないなあ、と心底、感心した。

✝海外公演

地方公演のスペシャル版といった感じが、海外公演であった。

私が参加したのは、研究科五年のときのハワイ公演だった。

そのメンバーに入れたのは本当にうれしかった。

常夏の国ハワイ。

抜群によい季節に行った。しかし、もちろん仕事。しかも、宝塚代表。

楽な公演のワケはない。

その演し物《だ》は、いつも日本でしている公演の「よいトコロ」ばかり集めた総集編。

全場面、ほぼ全員が歌いっぱなし、踊りっぱなし。しかも大きなジャンプをする振りが異常に多い、はげしく忙しいショーだった。

稽古中からあまりのキツさに、最後まで体力を持たせるために、酸素のスプレー缶を吸ったり、劇場地下診療所の看護婦さんにビタミン注射を打ってもらったり、倒れそうになりながら踊っていた。

このときに知ったのだが、途中で小さなおにぎりを一個でも食べると、びっくりするほど体力が回復するのだ。気の問題なのかもしれないが一〇センチぐらい高く飛べるような

ハワイ公演で（最前列左から３番目）

気がして、持久力もアップするのだった。ファミコンのドラクエのようだった。

いやあ、人間ってのは、食べることがホントに肝心なのだ。

ハワイの飛行場では、皆お花のレイをかけてもらい、大歓迎を受けた。

到着した劇場では、うららかな気候風土ゆえ、時間がゆったりと流れていた。

予定なんてあってないようなもの、大道具などの、舞台の設営準備には、果てしなく時間がかかった。かといって、いつ始まるかわからないので、帰ることもできず、楽屋で待機を命じられる。

もちろん、じっと待っている私たちではない。

舞台化粧を落として、楽屋着のままこっそり抜け出し、劇場の庭でピクニックをしたり、鬼ごっこをしたり。その頃は、紫外線も怖くなく（?）解放感に満ち満ちて、外でお弁当を食べ、外国人スタッフが連れてきている天使のように可愛い赤ちゃんと遊んだりしていた。

気がつけば半日待機なんて日もあった。

あまりに待ち時間が長く、何をしにきたのだかわからなくなりそうなほど、日がな一日ハワイの日差しを満喫、ひなたぼっこをしていた。ところが、いざ公演が始まると激！ハードに踊りっぱなし。

まるで一度乗ったら降りられない高速ジェットコースターのようだった。

早替わりの連続公演中のある日、終盤《しゅうばん》近くフィーナーレのパレード前で着替え中のとき。

舞台では、トップスターさんと数人の方の「ラプソディ・イン・ブルー」の場面が行なわれていた。

最後のグリッサンドの音が聞こえてくる瞬間に、早替わり連続の楽屋で誰かが、

「皆さん、いよいよ大詰めです！」

と、叫んだ。

ほとんどの人が着替えの真っ最中だったのだが、汗と疲労感でよれよれになりながら、その声が聞こえたとき、「おーっ」という声とともに出演者全員から拍手が起きた。ある種ナチュラルハイ状態だったのだが、気合を入れ直し、もう一度しゃきっと背筋が伸びたのだった。

フィナーレが終わり、幕が閉まりかけたとき、水を打ったような静けさのあと、一斉にお客様が立ち上がって、顔を真っ赤にして、拍手をしてくださった。

生まれてはじめてのスタンディング・オベーションを経験した。

嵐のような拍手だった。

汗も涙もいっぱい流して、力を全部出して創り上げてきた作品を、お客様に評価していただけた喜びというのは、果てしなく大きかった。

それに対してわざわざ立ち上がって拍手をしてもらったなどという経験は、生まれてはじめてだったので、身体の中がぐぐぐっと熱くなった。

ああ、舞台やっててよかったー。

舞台の神様に感謝した日だった。

†三矢宴会

公演中、同期が、

「明日、宴会だよ。研八（研究科八年）以下で来れる人たちだけだから、だいたい四十人かな」

と、言う。

「わかった。で、どこでやるの？　場所は？」

「あんたんち」

「おいおーい、私の予定はどうなるんだい。しかもなんだその人数」

打上げ宴会は、私の家で行なわれることが、よくあった。

私の住まいは、宝塚大劇場から近いわりには山奥で、はげしい宝塚ファンの方などの人目がなく、おトナリ、上下と、宝塚が嫌いではない寛大な方がお住まいだった。

マンションだというのに、騒音のことも考えず、毎度節操なくぎゅうぎゅう詰《づ》めに大勢集まっていたのだ。その上、いつもご近所から飲み物などの差し入れまでいただいていた。

だいたい、誰かの家でする宴会のときは、皆、自慢料理を一品持って集まってくる。

タカラジェンヌは、何でもできるいいお嫁さんになるという〝伝説〟があるが、たしかに皆ある程度器用に肉ジャガやらクリームコロッケなどを作ってきた（でもジェンヌの心意気と素直さは、確かに世界一だから、お嫁さんにはいいのかもと思う。私は、ね)。

ずん胴鍋《なべ》で皆でシチューを作って、パーティーなんてこともあった。

何をするでもなく、皆で話したり、ビデオを見たり、話し疲れたら、裏山に夜明けの明星を見に行ったりした。また、朝方になると眠ってしまった人の顔に落書きしたり、修学旅行みたいな感じだった。

こんな宴会のときには、日頃話したことのない下級生とじっくり話したりするのもおもしろかった。

それぞれに確固たる世界を持っていて、じっくり話してみると頼もしかった。

上級生の幸和希《こうかずき》さんが退団されることになり、サヨナラパーティーを、わが家ですることになった。

つぎの週、改装することになっていたので、「家ごとデコレーションしよう!」という企画になり、家中の壁と天井にペンキとマジックでメッセージを描いた。

総勢二十人くらい、皆、ハケとマジックを持って大騒ぎで、トム・ソーヤのように、家中、大お絵描き大会になった。

皆、これでもかと子供みたいに夢中になって家中落書きをした(和希さんは、いままで見たことのないような家中のメッセージに本当に驚かれ感激してくださったのだが、内装屋さんの関係で、改装が二カ月延び、私は、その落書きの中でしばらく暮らすことになってしまった）。

宝塚時代のあのお祭り騒ぎは、あの仲間だからできたことかな、とちょっぴり懐かしい。

†悪戯《いたずら》三人組

初舞台のあと、花組には九人配属された。

普通は、そのメンバーでずっと過ごすことになるのだが、花組だけ下級生の頃にどんどん退めてしまい、あっという間に同期は、たった四人になってしまった。

この四人の期間が長かったのだが、あるとき、その中の唯一の娘役で大変優秀な水原環こと、たらちゃんが、結婚のため退団した。

たらちゃんは、その愛称のような可愛らしい外見に反した〝しっかりもの〟で、別名を「ストッパー水原」と言われていた。何か私たちがくだらない悪戯を働こうとすると、長としての使命感から、それを阻止してくれていたのだ。

彼女が退めたあとは、節操のない、悪戯三人組が残された。それは、舵一星、真矢みきとワタクシ。

舵も真矢も根っからの悪戯坊主。

しかも、たらちゃん退団後の学年の長は私（って言ったって三人しかいないんだけど）。あちこちでくだらない悪戯の数々を繰り広げる私たちは、生徒監のお父ちゃんの悩みの種だった、らしい。

わが組のトップスター大浦みずき様（なつめさん）にもよく悪戯を仕掛けていた。

なつめさんが寛大なのをよいことに……。

終演後に全員、急いで楽屋を出なくてはいけない日、なつめさんの楽屋着のガウンの袖口を三人でこっそりしつけ糸で全部縫いつけて、着られないようにしたのだ。

「あー！　もー、またあいつらにやられたあー！」

と、悲痛ながらも歓喜の声をあげて（？）くださった（ごめんなさい）。

また、公演中の夜中、東京のすみれ会館のなつめさんのお部屋に忍び込み、スリッパを家具用両面テープでがっちり地面から動かないようにしたあげく、ドアもガムテープでピッチリ止めて出られないようにして、お部屋の前に、

「おはようございまあすー！　お目覚めいかが？　三つ子」

と描いた黒板（洗濯機の順番取り用）を置いておいたら、私たちよりはるかにお仕事が多く、早起きして楽屋入りなさっている、なつめさんから、

「今日も最高よん♪」

というお返事の黒板が置かれていた。のんびり起きた私たち、その日は、ちょっぴり反省した。

また、『ベルサイユのばら』の公演で、とてもはげしい指揮者の先生がいらした。

昔、音楽室にあったベートーベンのように髪を振り乱して指揮をなさるのだ。

私たちは、敬意を表して、彼に「熱血漢」と愛称をつけさせていただいた（とくに戦場の場面などの指揮っぷりは、すごかった）。

私たちを楽しくさせてくださるこの先生に感謝の気持ちを伝えたいと、フランス革命記念日の七月十四日、「フィナーレで、ぜひつけてください」と「自由と平等と友愛」のフランス革命のメッセージのこもった三色旗のタスキ（フランスで革命家がかけているヤツ）をプレゼントした。

普通、「またアホなことを」と相手にされないだろうと思っていたのだが、その指揮者の先生は、フィナーレでその三色タスキをおもむろに取り出し、本当に肩からかけてくださったのだ。

私たちは、やったあ！　と感激していたのだが、そのとつぜんの出来事を見て、真剣な場面で踊っていらした上級生が「ぷっ」と笑ってしまったためにチョイと問題、そして、大事件となってしまった。

このときは、騒ぎがあまりに大きくなってしまったために、大変あせった。

なんと、指揮者の先生まで叱られてしまったので、さすがに反省した。

またしても、生徒監のお父ちゃんに、

「おまえらホントにエエ上級生やねんから、たいがいにしてくれや」

と、たっぷり叱られた。

が、お父ちゃんが、

「あいつらほんまにしょもないねん」

と、笑っているのを見逃さず、

「つぎ、何しようか」

と策略を立て、小学生のように、くだらない悪戯を続けた三人であった。

悪戯三人組。退団パーティーのとき、舵一星(左)、真矢みき(右)と

†「浪速《なにわ》のボウイ」——大浦さんのこと

話は前後するが、私が研究科二年の頃、音楽バラエティー番組を関西テレビ系で放映していた。

数人のトップスターさんと若手六人のメンバーでその番組に出演させていただく機会があった。

その番組には次期トップスターとして、つぎの公演から、私のいた花組に転属していらっしゃる大浦みずきさんが出演された。

大浦さんは、踊りがズバ抜けて上手な方だった。

違う組だったので、舞台は拝見していたものの、まるで面識はなく、どんな方なのかすごく楽しみだった。

稽古初日、私たちは下級生だったので、大変緊張してご挨拶をしたら、

「あ、はい……」

あれっと思うほど、とってもあっさりとおっしゃられた。

最初の場面。踊り出された大浦さんは、透明な風みたいだった。

いままでのトップスターさんはじめ、上級生の方たちとはまったくタイプの違う方で、

まるで地球の人じゃないみたいだった。

これほど、気持ちよい「気」を放って舞台を創《つく》っていかれるのは、驚きだった。女性なのにナンなのだが、大浦さんの舞台は、デビッド・ボウイの雰囲気を持っていらっしゃって、ときどきまわりの下級生なども憧《あこが》れを込めて「浪速のボウイ」などとお呼びしていた。

私はボウイの主演映画の『地球に落ちてきた男』が大好きなのだが、この映画に出てくるボウイの雰囲気は、大浦さんと重なるものがあった。

いつも時空を超越した場面を創り出される大浦さんは、やはりただ者ではない、むむ、やはり地球の人ではないな……などとも思っていた。


私が退団する『ベルサイユのばら』の公演のとき。

大浦さんがフェルゼン、私がジェローデル役で、王妃様を迎えに行く「国境近くの場」に出演する前、舞台袖にフェルゼンの馬車が置いてあった。

出番前のひととき、その馬車の中でいろいろな舞台の話や人生(?)話をさせていただくのが、その公演の大きな楽しみだった。

全然まじめな話ばかりしているワケじゃないのに、どんな話をしても、大浦さんはすべ

『ベルサイユのばら』の出番前。大浦みずきさん(左)と

て「本当」な感じがした。

格好だけではなく、基本とか表現とかが。

だから、美しくエネルギッシュに踊られるのに（もちろん、たゆまぬ努力はなさっているのだが）、身体づくりに必要な「筋トレ」とか「闘魂！」とか「負けん気」といったがつがつしたものとは無縁な感じだった。

何でも楽しく受け止めて、しなやかに続けていることの強靭《きょうじん》さを感じさせてくださった。

そしてそれこそが、大きな大きな舞台の魅力なのだと思ったモノだった。

†ニューヨーク・ニューヨーク

公演と公演の合間、一週間以上お休みができるとすぐニューヨークに飛んで行った。宝塚でのお給料をせっせとためて。当時は、飛行機代もいまの倍以上。なので、南回りのアジア系のエアなどを使っていた。人を誘うのも面倒なので、一人でふらふらあっと出かけて行った。バーレーン経由で二十四時間とか、おもしろくて仕方なかった。私自身、風貌がまるで男の子のようだったので、全然怖《こわ》くなく、どこでも平気で歩きまわっていた。

一週間のお休みだと、だいたい滞在は五日間だから、その間のマチネとソワレで観《み》られるだけのミュージカルを観に行くのが目的だった。

ニューヨークに到着すると「自分は、何でもできるんだー!」と恐ろしいほどの意欲が湧いてきて、まだまだ自分の中には未開発の能力が氷山のように眠っている気がしてくるのだった。

その頃のニューヨークは、美術館に行っても、ジャズを聞きに行っても、ミュージカルを観に行っても、魚市場に行っても、ずきずきとぴりぴりと、すべてが刺激的だった。

たとえば、大晦日《おおみそか》に行ったときには、新年が明けた瞬間には、町中の人が身体中で新年を祝っていて、警備に並んでいた三百人くらいのおまわりさんまでが踊っていた。

私がカメラを向けたら、しっかりポーズをとってくれた。

ハロウィーンには幼稚園から、エンジェルや魔女、怪獣《かいじゅう》になった子供がじょろじょろ出てきて、迎えにきているお母さんが自由の女神なんかになっていた。

お祭りを国中が楽しんでいる、そんなニューヨークが大好きだった。

大雨の日曜日の夜明け前、車も人も誰も通らない、大きなフィフス・アヴェニューの通りの真ん中で、ビリー・ジョエルの「NEW YORK STATE OF MIND」を大きな声で歌っていたら、

「やりたいことは、何でもできるよ」

と、世界中が味方をしてくれているように、雨が身体に当たってきた。

歌やダンスのレッスンにも、毎日通っていた。

歌も踊りも小さい頃からレッスンをしていたが、音楽学校の入学前くらいから、「試験のため」とか、すこしでも「人より上手にならなきゃいけないから」と、自分の歌や踊りに心のどこかでずーっとプレッシャーをかけるようになっていた。

ニューヨーク、ハロウィーンのねこすがた

ところが、ニューヨークでレッスンを受けてみると、皆、心底楽しんでいるのだった。

その分、表現が広がっていき、豊かな感じがするのだった。

歌いながら踊ったりというのは、いつも公演でやっていることなのだが、あぁこれは人間が本能でやりたいことなのだなと気がついたのだ。

また、旅の間は、お絵描き帳と色鉛筆を持って町中をまわり、幼稚園児のような絵を描いて歩いた。

写真だと忘れてしまうのだが、絵を描こうとして一生懸命見た風景は、はっきり覚えているのだった。

感じたことを表現できるようになりた

くて、これを「アーチストごっこ」と名づけ、毎日十枚くらい描いていた（絵は、まったく上達しなかったけれど）。

ニューヨークに行くたびに、自分の中身が変わっていくようだった。

どんどんすべての夢を実現できる人になっていくようだった。

ところが日本に帰ってくると、なぜか〝青菜に塩〟になってしまうのだった。

夢を見ることを、大きなハサミでずばっと切られるような思いがしていた。

何だったんだろう。

元気がなくなってしまうのだった。

「現実は、そんな甘くないのよ」と、誰かがシニカルな笑いを浮かべているようだった。

なぜ夢を見ることが難しいのだろうか。

誰も何も許してくれないような気分になった。

なんだかわからないけれど、日本に帰ってくると、辛《つら》くなっていた。

自分のしたいことや、やってきたこと、これからすることが、成功か失敗かなどという結果は、誰が決めるんだろう。

夢は自分でつかむしかないし、その評価も誰がするものでもないしなあ……なんて、ニューヨークに行くたびに考えていた。

迷いながらも大きな夢がかなえられる気持ちにさせてくれる町なのだった。

だから、お休みになるとすぐ、誰もが好きなように生きているニューヨークに行った。

そーか、帰るから落ち込むんだ、と、ニューヨークから同期の舵一星に、

「やっぱり、帰んない。ここは、いいよ。行方不明になる」なんて、イーストビレッジの町の絵を描いたはがきを送っては、年中心配をかけていた。

そのあともしばらく、ニューヨーク熱は冷めなかった。

†ハロウィーン・ハロウィーン

ニューヨークで大がかりなハロウィーンのお祭りに参加して以来、ハロウィーンというと血が騒いで、根っからのお祭り好きのワタクシ、いつの頃からか仲間を集めて、ハロウィーンパーティーを主催してしまうようになった。

まだ、あまり日本にハロウィーンが定着する前のことである。

お祭り好きが集まって大騒ぎ。

だいたい、いつも神戸の山手にあった「アティック」というお店に集合した。

ハロウィーンは、もともとケルト人のお祭りで、日本のお盆のように亡くなった人が帰ってくるというもので、アメリカでも子供が仮装して、大きなかぼちゃの提灯《ちょうちん》を持ち、近

所をお菓子をもらって練り歩くというものだ。

タカラジェンヌはお祭り好き、しかも化粧道具には事欠かない。

ある年は（これも時効！）お衣装部さんにも協力していただき、こっそりお衣装をお借りして、インディアンのフル装備になったり、またある年は、眠れる森の美女のおばあさんになったり、インドのマハラジャになったり、全身にグレーのドーランを塗って、小道具さんに鼻と耳を作ってもらって象人間になったり。

「アティック」でパーティーをしたあと、山手の異人館街に繰り出す。

ハロウィーンの〝来てもいいよマーク〟かぼちゃのデコレーションのあるお家をねらって、「トリック・オア・トリート⁉（悪戯とお菓子とどっちがいい⁉）」と襲撃をかける。

かなり本格的な扮装《ふんそう》をしているので、訪れた外人さんの家族もおもしろがって、私たちの写真などを撮って、たくさんお菓子をくださる。

こういうおバカなお祭りのときは、たいてい私と舵一星が親分だった。

大きなお菓子かごをさげて、変な格好をした下級生（私たちもだが）をぞろぞろ連れて総勢十五人前後の大行進。

ある年のハロウィーン。

そう、あれは、私が象人間になった年のことであった。

ハロウィーンが、公演中の公休日の前日、火曜日だったので、わりと遅い時間に「アティック」に集合、ハロウィーン大行進をスタートさせ外人さんのお家をつぎつぎまわり、戦利品(?)の外国の珍しいお菓子をむしゃむしゃ食べて楽しくパーティーが盛り上がる。

皆、ご機嫌でパーティー終了。

さて、寮の門限もあるし、そろそろ宝塚村に帰るか、と駐車場に戻ると、

「おーまぃがっ!」

十時半で閉まっていたのだ。

寮生はたくさんいるし(門限は十二時)、万一、連絡が取れず無断外泊なんてことになったらそれこそ、ドエライ騒ぎになってしまう。

ひょえー、こういうときって、引率している上級生の責任が問われてしまうのだ。

いやあ、あせった、あせった。

当時は携帯《けいたい》電話などもないので、象人間の格好のまま、あたふたと電話を探し、寮やら駐車場の管理会社に連絡をする。

「あの、三矢と申しますが、山手の第一〇×駐車場から六台出られなくなってしまいました。遅い時間に申し訳ありませんが、すぐに開けに来ていただけますでしょうか。あ、駐

車場の前に立ってます。目印ですか？　象人間と魔法使いのおばあさんと猫娘《ねこむすめ》と京劇の格好したのが立ってますから……」

公休日前とはいえ、公演中の深夜に、浮かれた格好で管理人さんが来てくれるまで待つことになってしまった。

道行く人たちは、この山手の通りにたたずむ変な生き物たちを、不審《ふしん》そうに眺《なが》めていた。でもだんだん楽しくなってきて、その変な格好のまま戦利品のお菓子を食べたり、写真を撮り合いっこしたり、おしゃべりをして秋の夜更けを楽しんだ。一応、引率者としての責任は感じつつ。

もちろん、駆けつけてくれた管理人さんは、私たちの姿に眼を点にしていた。なんとか寮生も、あの姿のままだが、おとがめもなく寮に入れてもらえたらしかった。

†退団したくなったこと

当時、私は、よく劇団レッスンにも出席して、よく遊びよく学び、超まじめに歌劇団ライフを送っていた。

ある時期、ちょいといろいろ考えすぎ、なんとなく自分がどういうふうに劇団の中で存在していったらよいのかわからなくなり、「宝塚を退《や》めよう」と真剣に思った。

最終的には、十年在団したのだが、その中盤頃、ニューヨークに長期で歌の勉強をしに行ってみたくなったり、舞台以外のことでやりたいことがいろいろとできてしまった。

そのときは、結構具体的に退団を決めた……のだが、そのあとも考えあぐね、いつもはまったく能天気な私だったのに、食べられなくなってしまった。

ちょうどその退団を決めた公演は、ダンスナンバーも出番も非常に多く、稽古も特別に大変で、体力的にもギリギリの演《だ》し物だった。

食べられなくても公演は毎日あった。

食事をしなくても身体はとりあえず動くので、食べなきゃイケナイナァと思いつつ、公演に出ていたら、ある公休日の朝ぱたっと起きられなくなってしまった。

その日、機関誌のグラビア撮影があったので、とりあえずお化粧をして、つかまり立ちをして、はうように撮影現場の遊園地まで行ったのだが、むくんで目の間がはれて、「レレレのおじさん」のような顔になっていた。必死でノーズシャドウで鼻を作成したが、お化粧をしてもすごいブスだった（恐ろしいことにその写真はそのまま掲載された）。

その帰りに病院に行ったら、そのまんま極度の貧血で強制入院。

ヘモグロビンが人の何分の一かになっていて、

「信じられない、よく歩けましたね。あと一週間遅かったら死んじゃってましたよ」

と、お医者様に叱られた。

そのとき、東京から呼び寄せられた母は、お医者様に、

「この血液の薄さは悪性の貧血の可能性がある。治らない場合は……」

と、言われたらしく、私が母に、

「お医者様、何て言ってた？」

と、聞いたら、

「ううん、何でもない。大丈夫よ、すぐよくなるって」

と、ドラマのように目に涙を浮かべて、切ない微笑みを浮かべていたのを思い出す。

いま思えば、なんと親不孝な娘。

あまりの血の薄さに、めちゃめちゃ大げさな検査をつぎつぎにたくさんされた。

検査の多さで、具合が悪くなりそうだった。

なにやら骨髄《こつずい》を削って成分を調べるなんてのもあった。

ごりごりと胸の骨を削られる音がした怖い検査だった。

その検査をするために、大好きな公演を休演して何日も安静にしていなくてはならなかった。

悲しくて悲しくて涙が止まらなかった。

公演を休演してしまったことが、とにかく辛かった。

お恥ずかしい自己管理。舞台人のクセに、情けない。

あんなに稽古をして、皆と一緒に汗を流していた公演を休むのが、身を切られるように辛かった。

退団しようと決めていたクセに、舞台に出られないだけで、劇場に行けないだけで、悲しくて悲しくて病院のベッドで、毎日泣いていた。

「こんなに辛いのは、いま退《や》めるべきじゃないのかもしれない」

誰かが教えてくれたような気がした。

この時点での退団は、私にとって正しくない選択だったのだと思う。

たくさん考えた。なかなか結果が出なかった。


退団するのをやめた。


このときに退団しなかったおかげで、のちにすばらしい舞台にいっぱい出合った。

決めたことを引っ込めることは、ホントにあまりにもカッチョ悪くて、かなり勇気がいった。

結局、そのときの検査の結果は「栄養失調」。

そして、人間は食べないと死んじゃうらしいことをこのときに知った。

✝如是庵《によぜあん》の主

西宮の苦楽園《くらくえん》の山の中に如是庵というお屋敷がある。

如是とは、「好きなように生きる」という意味だそうだ。そのために自分ですべて生み出し、自分ですべて責任を取るという意味も含まれているのだそうだ。

そこの主、堀江光男《ほりえみつお》さんは、明治の亥《いのしし》年だから今年九十一歳になられている。

私の心の師匠とも言える方でもある。

とても楽しそうに奥様と温かい暮らしをされている。

九十一歳のいまも、つぎつぎと新しいことを発見、発明し、考え続けておられるのである。

堀江さんは、どの道を選んで進んだらよいのかと悩んだときに、その生き方でそれを教えてくださった。

私が栄養失調で休演した頃から息子（？）のように可愛がってくださり、とくに私の食生活（？）を心配してくださり、お稽古が終わるとお腹を減らしては、数人の同期とご飯をごちそうになりに行っていた。

本当によく食べる私たちを、いつうかがっても温かく、「やあ、いらっしゃい」と迎えてくださるのだった。

堀江さんのポリシーは、「自分の幸せは、自分でつかむモノ」ということなのだ。

如是庵の主、堀江さんご夫婦を訪ねて

お会いするたびに超ポジティブなお話を聞かせてくださる。

堀江さんは、七十歳を過ぎてご結婚なさった。

そのときもまわりは、このお年から結婚？　という声もあったようだが、堀江さんは、まったく気にしていらっしゃらないようだった。

私の舞台をいつも観て応援してくださっていた堀江さんの奥様の久美子さんとも、ご結婚なさる前からの知り合いだった。

お二人が結婚なさったのは、平成二年、堀江さんが七十八歳、久美子さん四十一歳のときであった。

その何年か前、お二人の交際時代のこと——堀江さんがちょうど一台大きなオルゴールを購入された。

オルゴールと言っても、大型冷蔵庫三台分くらいもある本格的なものである。

私も当時オルゴールが大好きで、そのオルゴールを見た私は、山梨県にたくさんオルゴールのある博物館があるからとお話ししたところ、その日のうちに三人で行くことになった。

とにかく行動が迅速《じんそく》なのだ。

堀江さんと久美子さんと私の珍道中だった。

堀江さんはその博物館のオルゴールを気に入って、譲ってくれとそこの館長に頼まれた。

すると、

「これは、譲れない」

堀江さんは、かなり食い下がったが断られた。

そこで私は、

「それじゃあ、もう堀江さんが世界中のを集められて、世界一のオルゴール博物館作っちゃえばいいじゃないですか」

と、無責任なことを言った。

「そうやね」

と、堀江さんは答えられた。

そうしたら、いまそれは、〝本当〟になってしまった。

堀江さんが、オルゴール館をスタートさせたのは、八十二歳のときだった。

ご自宅如是庵の隣に建てられたオルゴール館は、世界でも十本の指に入る所蔵品を持つ博物館になってしまった。

そのバイタリティー。

「ゆかのおかげで、偉いことになってしまったわあ。ワッハッハ」

その準備は、並大抵のことではない、お年を考えても、徹夜での交渉などは、大変な労力を使われるので、簡単にできることではない。

人生で成功している方は、大きなロマンを求める心と普通ではないエネルギーと、夢中でことを進める力、集中力があるように思う。

「何かを始めるのに年なんか関係ないんや。自分の力で自分のやりたいことをやるんや」

堀江さんの博物館には、ロマノフ王朝最後の皇帝ニコライ二世が十歳の誕生日に、父アレクサンドル三世から贈られた、「ニコライ」という小型車くらいの大きさのオルゴールと、ニコライ二世がパリ万国博覧会で、愛する妻アレックスに買ってあげたオルゴールがある。

この二つのオルゴールは、戦争や革命の混乱の中で別れ別れになり、世界のあちこちをさすらった。

「ニコライ」のオルゴールは、一時期大英博物館に、もうひとつの「アレックス」は、アメリカのオハイオ博物館にあった。

この、長い間、世界の遠いところをさまよった二つのオルゴールを、なんとか一緒にしてあげたいと、堀江さんはこの二台の大きなオルゴールを購入されたのだった。

いまは、まるで静かに手をつないでいるように、ホールに二つ並んで展示されている。

「世界の端と端におってかわいそうやったんや。一人は、寂しいからなあ」

と、おっしゃっていた。


「ゆか、好きなように生きや、人の作った道行っても仕方ない」

私が、小さなことでつまずいて、へこんでいるときに、堀江さんとおしゃべりをすると、毎回〝目からうろこ〟の連続なのだ。

「階段は、準備もなしにきゅうに五段も昇ろうと思ったらコケんねん。一段ずつ昇って行くから、気がついたら高いとこまで行けんねん。コケてもいいねん、そのコケて失敗したしかもその方針は、その後も一貫していた。たしかに「総裁・議定・参与ノ三職」は仮の官職であって、すぐに廃止されたが、その後は、天皇親政に戻るのではなく、大政官制度が導入され、「万機」は大政官に委ねつづけられた。そして明治一八年（一八八五）に、大政官制度が廃止され内閣制度が導入されると、今度は宮中・府中の別の原則が確認されたのである。王政復古が天皇親政の起点になった証拠はなにもない。

そしていま一つは、そもそもこの王政復古の大号令の思想的背景をなしたと思われる水戸学に、天皇親政への志向がまったくなかったからである。

水戸学の祖藤田幽谷《ゆうこく》は、松平定信に提出した政治意見書ともいわれる「正名論」のなかで、天皇について次のように述べていた。

天子垂拱《すいきょう》して、政《まつりごと》を聴かざること久し。久しければすなわち変じ難きなり。幕府、天子の政を摂《せつ》するも、またその勢のみ。異邦の人、言あり、「天皇は国事に与《あずか》らず、ただ国王の供奉《ぶ》を受くるのみ」と。蓋《けだ》しその実を指せるなり。（藤田幽谷「正名論」）

天皇は実際政治にはなにもかかわらない。だからこそ変わらず皇統を継続することができたのことがカルテになるんや。私の引き出しの中にもようさん入ってんで。失敗が多いほどその先の人生は、うまくいくねん」

齢九十一歳。堀江さんに言われると、哲学書を読むより、説得力がありすぎて、すーっと心に入ってくる。

「どんなに若い人でも、過去に生きる人は老人や、未来に生きる人は青年なんや」

なるほど、堀江さんは、絶対、絶対、絶対、九十一歳には見えない。

おしゃべりもはつらつとしているし、先日お会いしたときも、ご自分で運転される「新しい車」を買った、とにこにこしていらした。

「ああ、この頃疲れるなー」などと弱音を吐きそうになっても、堀江さんのことを思うと、そんなことを言う自分が恥ずかしくなる。

「ゆか、〝歌〟はなあ〝うったえる〟っていうのが語源だと思うんや。思ってることを訴える伝えることが仕事なんやね。大変やと思うよ。大変だから、困難だから仕事やねん。誰でもできることやったら、仕事にはならへん。頑張って歌っていってよ」

と、いつも励ましてくださる。

その堀江さんに、先日お会いしたとき、

「若い頃は、きっと、九十一歳になったら化石みたいになってると思っていたのに、自分がなってみると、まだまだやりたいことがたくさんあるなあ。それなのに身体がついてこなくて、悔しくて叫びたくなる」

と、おっしゃっていらした。

身近に圧倒的な勢いで生きている人を感じると、私も「こうしてはいられない」と思ってしまうのだ。

✝男役の「暮らし」と「ひみつ」

私は、なんとしても宝塚に入りたいと思ったのだが、宝塚に魅了されたのは、当然男役の素敵なスターさんにポーッとなったからである。

私が憧れたのは、甲《こう》にしきさんと安奈《あんな》淳《じゅん》さんだった。

舞台でのスターさんの何げない仕草やまなざしにグッときて、心をかきむしられるほど憧れたのだ。

自分がその「ポーッとなられる」ハズの男役になった。

どうしたら、魅力的な男役になれるのか。

下級生の頃、毎日上級生の芸を盗みに花道の幕の間から舞台を見学していた。

ある時代の、とあるかっちょいい上級生の方は開演から終演まで一人の人を見つめ続け、その人を確実に自分のファンにしてしまうというテクニックを持っていらした。すごい。

こうなると、まるで漁師さんの一本釣りのようだ。

しかしそれでも、お客様は、その「眼」の虜《とりこ》になってしまうらしい。

男役には、お客様の心をとらえる美学があったのだ。

◎理想の性格

それは、私たちの日常の性格をも変えていったのだった。

もちろん、基本的に私生活ではスカートははかない。

精神的にも「男役」になるために（「男」ではない、念のため）。

「男役」は、とにかくサバサバとしていて、フトコロ深く、細かいことは気にしない、過去のことなんか切り捨ててがんがん進んでいく、何でも即決、白黒はっきりさせる。りりしい性格にならなくてはと思っていた。

そんな「カッコいい男役になりたい！」という願望から、だんだん私たち「男役」たちは、実際の男性よりも骨太に「男役らしく」性格改造されてしまい、ホントにスカッと、細かいことを気にしない（気にしなさすぎ）さっぱりした性格になっていったのだ。宝塚を退団して、外でお仕事をするようになって、〝本当の男性〟の方が、ずっと繊細《せんさい》でこまやかで、自分が必要以上に超さっぱりとした性格になってしまっていたことに気がついて、びっくりしたことがたびたびあった。

◎歩き方

下級生の頃は、格好よく歩くために上級生に見ていただいて、教室の中を何往復もした。男役は、一本の線をまたいで歩き、腰が水平に動くのだった。

そして女性と違い、振り子のようにかかとが出て、体重移動が速やかなのだった。

下級生の頃は、まず歩けなかった。

歩き方がへなちょこで、気持ち悪いのだ。

『イブにスローダンスを』という作品のとき、男役でスローモーションで歩く場面があり、振付の司《つかさ》このみ先生に三日間じっくり指導を受けたことがあった。

なかなか思うように歩けず、稽古中の休演日には、駅のホームのベンチに座って、歩いているおじさんたちの足の動きを一日中観察して、ノートにつけたものだった。

男役の第一歩。まず歩き方なのだ。

◎カラダの内側

次項の着こなしにも通じるのだが、男役のための「フォルム作り」も重要だった。

たとえば、私などじつは身体が非常に細っこかった。

こういうタイプが、このまま軍服などを着ると、エライぺらぺらになるのだ。

そのため、衣装の中に、防弾チョッキのような、肩パット付きの肉布団《にくぶとん》を着る。

そうすると、すこしは格好よくなるのだ。ところが、その肉布団によってまた汗をかき、上半身がやせるという悪循環が起こるのである。『ベルサイユのばら』のときは、頭はカツラ、肉布団入りの軍服、手袋、マント、ブーツ。顔しか出ていない状態で汗をかきまくり、夏の公演をしていると、一日に二キロ体重が落ちる。で、夜がつんと食べて、またつぎの日を迎え、なんとか生きていた。

『ベルサイユのばら』などの十等身の人間が出てくるアニメ作品や軍服物では、「ラッキーヒール」を使用する場合もある（十等身の人間なんて、いないんだってば！）。

ラッキーヒール（おそらく商品名）とは、和装用のアイテムで、足袋《たび》の中に入れて身長を高くするためのシークレットブーツのカカトだけのようなものである。

もともとのヒールが八センチくらいあって、三センチのラッキーヒールを入れて、二十六段の大階段を降りるのだから、男役は命がけである。

◎**着こなし**

下級生と上級生の何が違うって、やっぱり着こなしだろうか。

とくに燕尾《えんび》服の着こなしは、微妙な裾《すそ》や袖《そで》の長さ、上着の下のチョッキの出方でまったく変わってくる。

首回りには、襟《えり》が抜けないように上着とカッターシャツがマジックテープで合体、パンツには、下がってこないように肩つりゴム、裾は、上がってこないように靴かけゴム、カッターシャツも出てこないように裾ゴム、燕尾のしっぽに五円玉、ネクタイも本当に結んでいるわけではなく、うしろにマジックテープ。

もちろん、〝命〟の肩パット。

同じ仕掛けがしてあっても、上級生の着こなしとさばきの美しさは、まったく年期以外の何物でもなく、ひたすらほれぼれしていた。

日本物の場合の着物になると、もっとはっきりしてくる。

もちろん、着物はお衣装部さんに着せていただくのだが、着せられ上手なのか、ちょっとしたヒモの結び方などで、じつにあか抜けて粋《いき》になるのだ。

◎**暮らし**

タカラジェンヌの「私生活」は、ベールに包まれ、霞《かすみ》を食べて暮らしていなくてはいけない。

下級生の頃、スーパーの袋にティッシュペーパーのボックスを入れて歩いていたら、上級生に、

「夢を売る仕事なんだから、そんな現実的な姿で出歩いてはいけない」

と、お叱りを受けたことがあった。

そのときはじめて、「現実感なくカスミを食べて暮らさなくてはいけないのだな」と思ったのだ。

カスミは多分食べてない、別にフツーなのだ。

だいたい稽古中は、朝九時から十二時まで劇団レッスンに出て、午後一時から八時まで公演のお稽古。

それから、早く帰りなさいと叱られつつ、十時過ぎまで劇団で、自主稽古。

それから、仲のいい生徒同士で、宝塚界隈《かいわい》で食事。

大きな本番の前は、ガツンと肉を食べることが多かったかな。

帰宅後、お風呂に入り即、爆睡《ばくすい》。

これを一週間続けたあと、待望の公休水曜日、整骨院に行ったり、医者に行ったり、美容院に行ったり。自分のケア。

余裕があれば他の舞台を観に行く。

そして、気がつけば、また木曜日がやってくる。

ベールに包まれていた方がいいのだが、別に包まれなくても、そんなに艶《つや》っぽいものでも何でもないのだ（上級生になってからは、物理的に時間もなくなって、日常のお買い物などは、応援してくださる方が家に届けてくださることが多かった）。


公演中は、ちょっと王様だった。

二回公演の場合、楽屋入りは、九時すこし前くらい。

楽屋口には、応援してくれるお嬢さんたちが待っていてくれる。

お手紙や差し入れなどを受け取り、

「いってらっしゃぁーい！」

という声に送られて、楽屋入り。

劇場からはるか遠いところから、この一瞬の遭遇《そうぐう》のためだけに毎日通ってきてくださるありがたい方もいらした。

入り口のお稲荷《いなり》さんに今日一日の無事をお参りして、

「おはよー」

と、楽屋に入る。


私の楽屋は例の三人、舵一星と真矢みきと三人部屋。

付き人さんのゆかりちゃんが、

「おはようございまーす！」

と、笑顔で迎えてくれる。

と同時に、私がぼとぼとと下に脱いだコートと私服を、ささっとハンガーにかけてくれる。

私の化粧前には、淹《い》れたてのコーヒーがスタンバイしている。

いただいたお手紙などを読みながら、そのコーヒーを飲む。

「さて」

と立ち上がると、洗濯したてで気持ちいいウォーミングアップ用のTシャツとパンツが渡される。

それに着替えて、舞台にウォーミングアップに行く。

約一時間、発声やストレッチをして部屋に戻ると、冷たいお絞《しぼ》りと私好みの絶妙の濃度のアールグレイのミルクティーが用意されている。

ガウンに着替え、毎日「うまーっ」と感激しながら、お化粧開始。


三十分前、十五分前、五分前とアナウンスを聞きながら、準備完了。

早替わりなどの準備は、上級生になってからはお衣装部さんと、ゆかりちゃん、下級生の麻希《あさき》ゆいちゃんにお任せしていた。

さて開演したら、走りっぱなし、出番以外は、ほとんどウナギの寝床のような上手《かみて》、下手《しもて》の早替わり室で暮らす。

汗だくの三十分の小休憩には、絞りたてのグレープフルーツジュースなどをいただきながら、ゆだった頭を冷やす（夏場、本当に湯気が出ることがしばしばある）。

三時間バッチリ公演をする。


午前の部の終演後、大休憩には差し入れのお弁当をいただく。

じつは、動いた直後はなかなか食べられないのだが、心のこもったお弁当は、食べやすいように、見た目も華やかで、パサパサしたものがなく、工夫されていて、毎日ありがたくいただいていた。

午後の公演の用意やお化粧を始めなくてはいけないので、ひと口ずつになったおかずやおにぎりがうれしかった。

とくに下級生の頃からの差し入れ、お手製の中華チマキは大好物で、どんなに食欲がないときでも、それだけはいただいた。

三人それぞれのところに、「皆さんで、召し上がってください」といただいていたので、それぞれの付き人さん合わせて六人でも食べきれず、ときどき、下級生に「マイ箸《はし》」と「マイカップ」を持って遊びに来てもらい、昼の宴を催していた。公演がハードすぎるときなどは、この時間食事をしながらナチュラルハイになって、部屋の電気を消して音楽をかけ、皆で踊り狂っていたこともある。

もう、一回、午後の公演をして終演。

ハードな公演のときは、早く帰りたいのに、くたくたで身体が動かないときもある。

ざっと汗を流して、楽屋を出る。

この時点で九時半を過ぎる。

楽屋口には、その日公演を観に来てくださったお客様や、朝のお嬢さんたちが待っていてくれる。

彼女たちと軽くお茶などを飲んだりしたあと、迎えの車で、夕飯を食べに行く。で、帰り着くと、だいたい十二時。

雑用や連絡をすませると、だいたい就寝は二時前後だった。

そして、つぎつぎやってくる公演をこなし、クルクルと一年が経った。

◎力持ち

私は、力持ちな男役ではなかった。だから、大変だった。

私も軽々と「お姫様抱っこ」のできるような、ちょっとマッチョな男役になりたいとつねづね思っていた。腕力は極端になく、音楽学校時代鼓笛隊の指揮棒ですら斜めになっちゃうようなヤツだったから、公演で女役を持ち上げるリフトは大変だった。

いつも根性と気合で持ち上げていた。

ある公演で、女役さんが私のももをぐっと踏み台にして、肩のところで持ち上げるという、かなり大変なリフトがあった。

相手は、ハイヒール。太ももは毎日の圧迫で、全面大きな牡丹《ぼたん》の花のように内出血。

そして衣装で毎日こすられるから、まわりの皮がべろべろにむける。

そのうち腰が曲げにくくなり、医者に行くと腰骨が、軽いねんざ状態。

もっと強靭《きょうじん》な身体だったら……えーん。

在団中は、慢性ぎっくり腰のようになっていた。

だんだん上級生になってくると、イキとかタイミングで、力を使わずに女役さんを持ち上げられるようになってはいたものの、私の場合はやっぱり得意技ではなかったなぁ。

スカートをはかない生活でなくなってしまったウエスト、女役を持ち上げることで、ついてしまった筋肉。しっかり大地に立つことで、身についてしまった大らかな外また。女性らしい体型、姿、性格から遠く離れ、生きてきてしまった。退団後、更生に時間がかかった。


男役十年。

普通に舞台で男役に見えるようになるまで、十年かかるという。

上級生の男役さんから、芸や魅力を盗んだり、教えていただいたりして、すこしずつ男役らしくなっていくのだ。

退めたーいとか言っていたのは、どこの誰？

こんな楽しいこと、やめられるものか。

九年目のこの頃、思っていた。

†アイスクリーム断ちジェローデル

舞台が楽しくてたまらなくなっていた。

その頃、『ベルサイユのばら』を再演することになった。

ご存じフランス革命が舞台となったこの作品。

この作品に出演できることは、夢のようだった。

小学校の頃、この劇画が大大大好きで、全巻暗唱できそうなほど熟読していた。はじめて宝塚が『ベルサイユのばら』を上演すると決まったときも、あの役は誰、この役は誰と、自分が上演を決めて仕切っている気分になったものだ。

宝塚での『ベルばら』が大ブームになったとき、宝塚も『ベルばら』も小学校の同級生の誰より確実に精通していた私は、彼女たちが気安くタカラジェンヌや『ベルばら』の登場人物の名前を口にするのが、我慢《がまん》ならなかった。もちろん、初演も何十回も観劇した。

一九九〇年、再演が決まった時点でも、作品に対する思い入れは、じつは花組で一番だったと思う。

この『ベルばら』の中で、どーぉしても演《や》りたかった役があった。

愛する人の幸せのため身を引くという主人公オスカルの許婚者、究極の二枚目、ジェロ

『ベルサイユのばら』ジェローデル役で

ーデル少佐の役だった。

絶対絶対絶対絶対絶対、ぜーったい！　演《や》りたかった。

この役ができたら、今度こそ本当に宝塚を退《や》めてもいいと思った。

配役発表まで期間があったのだが、その役をするためにコレと言ってできることもなく、いつものようにひたすら劇団レッスンに通っていたのだが、何かしたくてたまらない。

私は、何かをかなえたいとき、真剣なお願いごとがあるとき、何か、自分の中で何かひとつ我慢すると、かないそうな気がしてくるのである。

ささやかな精神的ギブ&テイク（?）である。いちばん辛いのはやっぱり好きな食べ物を断つことだろうか。

私は異常にチョコレートアイスが大好きだった。だから、アイスクリーム断ちをして、カミサマにお願いをした。

「こんなに頑張っているのだから、かなうだろう」と、まったく勝手で根拠《こんきょ》のない理屈なのだが、本当にかないそうな気がしてくるのだった。

しかも摂取カロリーも減って、一石二鳥だった。ちょっとほっそりして（?）、やきもきしながら『ベルサイユのばら』の集合日を迎える。

香盤《こうばん》（配役表）の紙がくるくるっと（合格発表もそうだったが、いつも待ち焦《こ》がれることの発表は、巻紙だった）広げられるのをドキドキして待った。

三矢直生……ジェローデル。

やったあぁ！

本当にうれしかった。

一番教室が、バラ色に見えた。

花組の悪がきトリオ、真矢みきがオスカルで、舵一星がベルナール。

同期三人で重要な役どころをやることになった。

このときの配役は、フェルゼンは大浦みずきさん、マリー・アントワネットはひびき美都《みと》さん、アンドレは朝香《あさか》じゅんさん、オスカルは紫苑《しおん》ゆうさん、安寿《あんじゅ》ミラさん、涼風真世、真矢みきたち四人の、日替わり出演だった。

これからの数カ月間が、またしても忘れられないすばらしいときとなるのであった。

†毎日幸せ退団公演――生徒は「白」に包まれて

「退団したときの理由は？」

と、尋ねられることがある。

また、悩める下級生に、

「三矢さんが、退めようと思ったときは、どんな気持ちでしたか？」

と、聞かれることもある。

最終的に退団を決めたときは、迷いはまったくなく、ポンと軽く肩を押されたような気持ちだった。前回のような迷いは、まったくなかった。

「ああ、お腹いっぱい食べさせてもらえたな。ここにいてよかった」と心底思ったのであった。


退団公演には、伝統的な「しきたり」や「イベント」がたくさんあった。

以前、結婚退団した同期が、

「宝塚で退団公演を経験したならば、結婚式や出産なんて小さいイベントよお！」

とまで言っていたのだが、確かに退団公演は大イベントだった。

千秋楽のご挨拶、さよならショー、終演後の袴《はかま》での楽屋出など、ずっと応援してくださった方々に見守られ、その日を迎えた。

退団公演の中日には、その生徒の楽屋の化粧前と楽屋着がすべて「白」に変わり、化粧鏡が愛情のこもった手作りの花で見事にデコレーションされる。

化粧前とは、化粧品の並んでいるテーブルのことを言い、そこに並ぶテーブルクロス、上がけ、ティッシュケース、座布団カバー、座椅子《ざいす》カバー、ポットカバーをファンの方々が、毎公演、豪華に手作りしてくださるのだ。

退団公演の化粧前グッズは、伝統的に、ファンの方たちだけでなく一緒に公演をしている同期も作ってくれる。

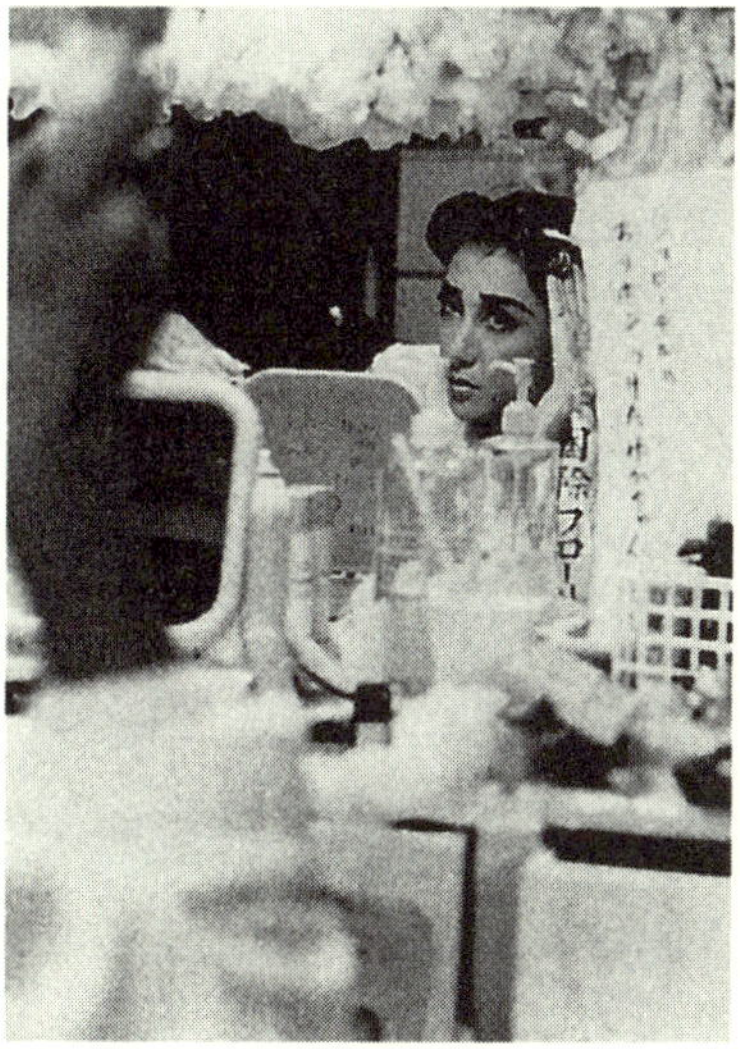
退団時の千秋楽の楽屋

オスカルとベルナールとして出演している真矢みきと舵一星も、忙しい出番の合間を縫って、私に見つからないように化粧鏡に飾る花や化粧前を一生懸命作ってくれていた。

しかも、二人ともそんなに手先が器用な方ではないのだ。

胸が熱くなる。

私がいつもと違うルートの階段を上がり、下級生の方の化粧前を通って自分の化粧前に戻ろうとしたら、見張りの下級

『ベルサイユのばら』で麗しの子分たちと（後列中央が著者）

生の「ジェローデル少佐！　お帰りですかあっ！」という不自然な合図の声で、二人がどさどさっと身体で何かを隠し、無理な姿勢で新聞を広げて読んでいる、フリをしている。

「やあ、ゆか。私は新聞記者のベルナール・シャトレ。あー、君は、何だね、今日の新聞読むかね。あー」

千秋楽に二人が作ってくれた見事な白い花の飾りは、いまでも大切に取ってある。

この公演では、可愛い子分がいた。七人の近衛隊《このえたい》。

彼女たちも、千秋楽の日に力作の色紙を作ってプレゼントしてくれた。

花組美形若手で構成されたこのメンバーは、皆、気のいい実力派だった。

彼女たちとは、稽古中も公演中も、なにかと集っていることが多かった。基本的に好奇心旺盛で、私たちの同期、悪戯《いたずら》三人組と同じ香り（?）のする悪戯坊主ばっかりだった。

出番前にこっそり楽屋の奥で記念写真を撮ったりしたこともあった。

この頼もしいメンバーが各組に行き、皆活躍してそれぞれ重要なポストについていった（宝樹芽里《たからぎめり》、愛華みれ、真琴《まこと》つばさ、匠《たくみ》ひびき、香寿《こうじゅ》たつき、夏城令《なつしろれい》、大伴《おおとも》れいか）。

なんだか弟たちが力強く成長してくれたようでうれしい。

†さよならショー

『ベルサイユのばら』の公演がすべて終わった千秋楽の日、さよならショーをさせていただいた。

振付は、奇《く》しくも初舞台の振付家「鬼の喜多弘先生」。

男役の衣装（燕尾《えんび》服）を着て、大劇場の大階段で小林公平《こばやしこうへい》先生作詞の「夜明けの序曲」を踊った。「夜明けの序曲」は、私がまだ下級生だった頃出演した、松《まつ》あきらさんと若葉《わかば》ひろみさん主演の、川上音二郎《かわかみおとじろう》と妻貞奴《さだやっこ》の人生を描いた作品である）。

さよならショー

広い世界の　空の下で
思いのままに　生きてみたい
唯一度《ただひとたび》の　命を賭《か》けて
光る明日の　夢を見たい

喜多先生は、男役として、最高にきれいに格好よく見える振りをつけてくださった。

私は、在団中、歌の方が好きだったので、歌う気持ちよさほど踊ることの気持ちよさを感じたことはなかったのだ。しかし、燕尾服を着て、この最後の舞台で踊ったとき、空間と風に乗って踊れた気がした。

よく泣いて笑った十二年間。

いろいろな情景が、すごい勢いでフラッシュバックしつつ、頭の中がぱあんと真っ白になっていた。

踊りのラスト、エプロンステージをゆっくり端から端まで歩くと、お客様の温かい拍手が波のように身体を包んでくれた。

「温かい拍手」というのは、よく使われる表現だが、このときの温かさってのは、皮膚の表面から身体の芯《しん》まで、すっぽりとぽかぽかにしてくれるモノだった。

さよならショーが終わり、ご挨拶《あいさつ》のため、長年親しんだ大階段を、袴に着替え一段一段降りる。

真ん中の十六段目に留まり、お辞儀《じぎ》。

十六段目から見た客席はすがすがしかった。

退団のご挨拶。

途中、胸が熱くなり、言葉が詰まって出なくなりそうになったが、十年間の思いをまっすぐに伝えたくて、言葉を送り出し、なんとか最後まで舞台を務《つと》めることができた。

この日、十年間お世話になった大劇場を去った。

宝塚時代を過ごした宝塚のマンションを去る日。

荷物もない、ガランとした部屋の真ん中に、一人で大の字になってみた。

本当にたくさんの人に愛情をもらったなーと、幸せで幸せで、涙がこんこんと湧《わ》いてきた。

†退団後は花の余生？

東京で退団するまでは、とにかく忙しく、毎日数時間しかない睡眠時間と二回公演。あらゆることの打ち合わせ、いろいろな方へのご挨拶……。

忙しいだけでなく、毎日が本当に満ち足りていたので、あっという間に千秋楽を迎えてしまった。

とりあえず、卒業してしまうのだから、その先のことはゆっくりと考えようと思った。

退団したら、とにかくゆっくりしたかった。

まず、眠るぞ！　そして、ゆっくり旅行をして、映画や舞台をゆっくり見て、ジムにも行ってみたいし、髪も伸ばしてみたい。

じつは楽しみにしていたことも、たくさんあった。

千秋楽の日の夜は、応援してくださった方々とのパーティーのあと、気持ちは高ぶっていたものの、つぎの日は、まる一日ぐっすり眠った。泥のように丸太のように。

その朝、というか昼、長い夢から覚《さ》めたように、幸せな気持ちで目が覚めた。

その日は、庭にやってくる鳥を見ながら過ごした。

ご飯を食べて、日が暮れるまで、わが家で飼っている熱帯魚をぼーっと見つめていた。夜は、好きなCDを聞きながら本を読んでいた。

ところが、三日目くらいから、微熱が出はじめる（これは、その後、半年以上続いた）。さきに退団した人たちに聞いたら、退団直後は、皆、似たような症状が出たそうだ。長年の舞台生活で酷使した身体が、休ませろと言っていたのかもしれない。

そのあともなんとなく熱っぽいので、ゆっくり本を読んだり、映画を見たり、舞台を見て過ごした。

最初の二週間ぐらいは、ジムに行ったり、散歩をしたり、ゆったりすること自体を楽しんでいたが、しかし目標を持たずにジムに行っても張り合いがないし、朝目覚めること自体が、だんだんつまらなくなり、耐えられなくなってきた。隠居《いんきょ》して余生を送っている人のような気分になってきた。

念願のゆっくり時間をかけた旅行も、全然おもしろくなかった。

公演と公演の間の超過密スケジュールの中で、今度の舞台で、あれは参考になるな、とか、あのアクセサリーなら舞台で使えるなどと思って、走りまわる旅行の方が、断然エキサイティングだった。

それでもひたすら、母が飼っているグッピーが増えていくのをぼーっと数えて、数日を過ごした。

そのうち、ますます社会と隔絶されていく気がして、悲しくなってきた。

朝、目覚めなくてはいけない理由がなくなってきた。

もう、目覚めなくてもよいような気もしてきた。

考えてみれば、自分でまったく自由になった時間を管理するということ自体、四歳で幼稚園に入って以来、はじめてのことだったのだ。

私の人生は、いままでずっとどこかに所属していたのだった。

ビデオを借りに行ったとき、免許証を持っていたから、なんとか貸してもらえたものの、もし免許証も持っていなかったら、「私」を証明するものが何もないのだった。

それまで考えてもいなかったのだが、生まれてはじめての自由の辛《つら》さだった。

それでもまだこの頃は、女王様のように、母にご飯を作ってもらい、のんきに暮らしていたが、普通の二十七歳を見れば、お嫁《よめ》に行くなり、少なくとも仕事はしているのだった。

何もしていない私は、明らかに「無能の人」。

新聞の就職案内を眺《なが》めたとき　学歴や年齢の事項があり、「ありゃー、中卒って何にもできないじゃん」と、びっくりした。

「へえ、中卒の人って、あんまり世の中にいないのねえ。学歴がないからって別にどうってことないのに。ヘンなの」と思った。

このとき、世の中が人を判断する基準に学歴を使うということをはじめて知ったのだった。

何かいろいろやりたいのになあ……デモ、別に語学もできない、簿記もできない、パソコンもお遊びでしか触れない。決定的なことに学歴がない。

はてさて……私に残された道はないのだろうか？

何ができるかじゃなくて、何がしたいかだ！

うむ。

歌は歌いたいぞ。

でも自分の力がどのくらいなのか、わからない。

歌の仕事をしてみたいなあ、と漠然《ばくぜん》と思っていた。

†トコさんのこと

宝塚歌劇団退団後、はじめてのお仕事をさせていただいたときのこと。

私のジャズの師匠、東郷輝久《とうごうてるひさ》先生のコンサートにゲストで出演させていただいた。ジャズミュージシャンの方とご一緒させていただいた。

すべての演奏が宇宙へ飛んで行きそうなくらい、カルチャーショックだった。

その中でもジャズドラマーの日野元彦さんことTOKOさんは、演奏も人間的にも、私の音楽生活のすべてを変えるほど、すばらしく魅力的な方だった。

このとき、ドラムスだけで構成されているサミー・デービスJr．のジャズのメドレーと、サラ・ボーンのラブ・バラードを歌った。

なにせ、ジャズの本格的な舞台ははじめてだし、一流のミュージシャンばかりだったので、緊張でドキドキだったのだが、歌い出すとまったく怖《こわ》くなく、一緒にダンスを踊っているような、おしゃべりをしているような、天に昇りそうな、音楽で乗っけて、たまらなく楽しい気分にさせてくださった。TOKOさんは、

「ジャズ、好きなんですね。ぼくたちもうれしかったです。ぼくも一生懸命頑張ってますから、あなたも頑張ってください」

と、ガッと手が痛くなるくらいの握手をしてくださった。

「握手は、本気でしなきゃいけない。握手でいい音楽ができるかどうか決まるんだ」

と、おっしゃっていた。

終演後の打上げでも、リズムの取り方や感じ方をみずからタップを踏んで教えてくださったり、音楽観、宇宙観を語ってくださった。タップダンサーだったお父様と、トランペッターの兄、日野皓正《ひのてるまさ》さんと一緒に米軍キャンプをまわって芸を磨いた話をうかがった。

「今度、リハーサルがありますが、見に来ますか？」

と気さくに誘ってくださったので、大喜びでスタジオにお邪魔すると、ボーカルの伊藤《いとう》公子《きみこ》さんを中心とする五人のメンバーで構成されたライブのリハーサルであった。

あんなに楽しそうに、遊んでいるようにプレイする、ジャズミュージシャンの方たち。

その稽古量が、想像をはるかに超えて多いことを、このとき知った。

楽しめるようになるため、稽古しているんだと思った。

最初に、歌のメロディーとコードの五段くらいの簡単な譜面があり、それを中心にソロを順番にまわし、音楽がどんどん広がっていくのだ。

ここは、ジャングルみたいにとか、星を取りに行く感じでとか、ジャズのリズムの中で世界を創造していくのだ。

宝塚では「でき上がったオーケストラに合わせて歌う」のが役目であったから、ゼロから歌の世界を創《つく》り上げていくのを目の当たりにした衝撃は大きかった。

格闘技や器械体操を見ているような、でも、楽しいゲームのようでもあり、本気で命をかけた「一本勝負」っていう感じもした。

とてつもなく、冬の日だまりのような温かいサウンドだった。

TOKOさんはじめ、演奏している方たちのエネルギーがじわっと出た音楽だった。

宝塚を退団していちばん最初の仕事だった、このすばらしいTOKOさんのドラムだけで歌えたこと。

忘れられない体験だった。

しっかり歌えるようになったら、再びTOKOさんの演奏で歌いたいと思い、心の準備ができたらお願いに行こうと思っていたのに……。

TOKOさんは、信じられない若さで逝《ゆ》かれてしまった。

†NHK音楽バラエティー「夜にありがとう」

宝塚を退団して一年目、歌の仕事をしてみたかったけれど、宝塚の世界しか知らなかったし、自分の力がどのくらいなのか想像もつかない私は、どうしていいのかわからなかった。

その頃ちょうど、NHKで音楽バラエティー番組のオーディションがあることを知った。

森公美子《もりくみこ》さんと中島啓江《なかじまけいこ》さんは決まっていて、あと三人のポストのオーディションだった。

書類審査を終えた二百人くらいの人が、そのオーディションを受けに来ていた。

舞台やテレビで見たことのある人も、たくさんいた。

私は、退団してすぐ日野元彦さんに演奏していただいて歌った、思い出の「ウエストサイド・ストーリー」を、ドラムスだけで歌った。

ＮＨＫテレビの101スタジオは、照明が頭が熱くなるほどたくさんついていて、ギャラリーもたくさんいた。

ドキドキしたけれど、ちょっと芸能人になったようで、とても気分よかった。

他の人とちょっと違った選曲だったから、インパクトは強かったみたいだった。

終わったあとに、審査で歌っている自分の姿がテレビモニターから流れたのを見て、うれしくて、楽しくて、「絶対、やりたい！」と思った。

なぜか、「とにかく気持ちよく歌えたし、いつものお守り〝幸せのピアス〟をしていたから、もしかして受かるかな」という不思議な気持ちがよぎった。

合格することができた。

すぐに収録が始まった。

それから毎週金曜日に、つぎの週の台本と譜面をいただくことになるのだが、これが、ものすごい量だった。

三十分番組で毎週ゲストが二組。

三週に一回ぐらいの割合でソロを歌わせていただいたが、歌い分けやゲストのコーラスなどを含め、すこし薄目の電話帳くらいある分量の譜面が渡された。

その暗譜だけでも、毎回フウフウ言っていた。

振付とリハーサルは、週三日。

慣れない間は、生活のすべてがその番組を中心にまわっていた。

収録が終わった日は、レギュラーのメンバーと司会の松尾貴史《まつおたかし》さん、森口博子《もりぐちひろこ》さん、川平慈英《かびらじえい》くんたちと食事に行ったりと、仲のよいカンパニーだった。

振付は、偶然にも宝塚時代にお世話になった家城比呂志《いえきひろし》先生だった。

あと二人の合格者は、一人が劇団四季出身の浦田千尋《うらたちひろ》ちゃん、もう一人がヤマハのポプコン出身の吉野千代乃《よしのちよの》ちゃんだった。

二人とも超実力派だった。

それでも振付やソロ、コーラスなど、あまりにも覚えることの多さに、

「過飽和じゃー！」

と、夜中過ぎまでＮＨＫのスタジオに残って、遅くまでよく一緒に稽古をした。この仕事のおかげで、暗譜がすこしはやくなった。

歌の中では、それぞれ得意分野があって、千代乃ちゃんは、とても繊細に歌を作っていく人だった。

マイクでささやくように歌っていくテクニックは、未知の世界でショックだった。

千尋ちゃんは、艶《つや》っぽくダイナミックな歌を歌う人だった。

最初の頃、私は舞台育ちだったので、振付を覚えるのが早いのと、でっかい作りの歌は苦労しなかったのだが、踊り方も大きく、ちょっとしたスイングや、声の大きさ、目の動かし方、テレビからはみ出ないようにするのが大変だった。

ゲストも、毎週毎週ビッグな人が出演していた。

日本はもとより、世界中からすばらしいアーチストの方々が出演された。

テレビで見るとちょっとワルそうなキャラクターのアーチストさんが一音一音、几帳面《きちょうめん》におさらいしている姿や、キャリアのある熟年の歌手の方が収録前に緊張されているのも見た。

当たり前だが皆さん何百回も歌っておられるご自分の持ち歌も、馴《な》れ合《あ》いではなく、本当に心を込めて、緊迫感を持って、大切に歌っていらっしゃった。

海外のアーチストではイヴェット・ジローさんが、ご主人のピアニストさんと温かい演奏をなさったあと、涙を流して熱い抱擁《ほうよう》を交わしていた姿や、メラニー・ホリデーが自分の出来になかなか満足せず、終了が二十六時になったことなどがとくに印象に残っている。

その頃漠然《ばくぜん》と、「すばらしい歌を歌っている人たちは、どんな形にせよ基本をきちんと勉強しているなあ」と感じていた。

いつか、大学にでも行って勉強してみたいなあ、とこのときに思ったのだった。

†NHK学園

宝塚時代、同期生の中の区分として（主に年齢を把握《はあく》するために）、「あの子は中卒」とか「あの子は高卒、あの子は高一修了」という言い方をしていた。

別に、中卒という響きは蔑称《べっしょう》でもなかったし、高卒の子より私は若いのよ、という誇りすらちょっぴりあった。

だけど、どうせだったら、たくさんモノを知っていたいなぁ、と漠然と思っていた。

退団後すぐに、何もしない日々に見た折り込み新聞求人情報で、中卒の人が世の中に少ないのかもということも、感じはじめていた。

この、歌番組のレギュラーをしている頃、テレビを見ていたらＮＨＫ通信高校講座の案内番組をやっていた。

おもしろそうかも。

入会（？）したら、レポートの束と教科書が段ボールに入ってどさっと送られてきた。

十数年ぶりの教科書は、インクのにおいがして新鮮だった。

各授業、放映時間が決まっていて、それを見て期限までにレポートを送る。

月に一回登校日があり、学校で授業を受け、四年間で高校卒業の単位と資格が取れる仕組みだ。

地方公演などが入ると、結構、期限や放映日にぶつかり、提出が危うくなったりして正直きつかった。

所属するクラスが決まっていて、担任の先生がいらして、ちゃんとホームルームの時間もあった。

自己紹介をする時間があった。

年齢、職業など、本当に様々だったが、話を聞くと、やはり何かのきっかけで学校に行かなくなってしまったという「不登校」系の少年少女が、圧倒的に多いようだった。

一見自由そうなシステムだったが、逆に意志が強くないと続かなそうだったので、通って来ている人たちは、皆、目が真剣だった。

学期末には試験があり、単位がもらえる。

ここでいくつか単位を取っておいたのが、のちの大検をかなり楽なものにしてくれた。

書道や体育、音楽もあった。

体育は縄跳《なわと》びをして、毎分、心拍数を計って、それをグラフにしてレポートを提出するというものなのだが、忙しかったのでちょいとズルをして、ちゃんと飛ばずにレポートを送ったら、しっかり先生にわかってしまい、「やりなおし！」と返送されてきたこともあった。

第三章

受験の花道 PART II

東京芸術大学編

†序——受験のきっかけ。いじわるブースカ

あるミュージカルに出演していたとき、ちょっと苦手な人と出会ってしまった。

その人は、もしかしたら本当はいい人だったのカモしれないが……舞台を一緒に創《つく》っていく人としては、かなりきつかった。

某音大を出て中学校の先生をしていたらしい。

彼女は、舞台出演ははじめてで、虚勢を張っていたようで音楽のことや私の舞台に対して、なんだかヘンテコなことをいっぱい言ってくるのだ。

私のこと、好きだったのかなあ。

しかし、同じレベルで考えたくないほど、舞台に関してはシロウトさんだった。

別に理屈で歌うわけじゃないのに。しかも、変なビブラートで、音程悪いし。

音大を出ていたら、そんなに偉いのかなあ。

「もう、ドーデもいいから、どっか行ってくれー」って感じだった。

ちょっとふっくらして、ちっちゃくて、いつもブーブー言っていたので、「ブースカ」と心の中であだ名をつけることにした。

「ア、ブースカが踊ってらー。へんなのー」

ささやかなリベンジだいっ。

それでも、私の腹のムシは、おさまらず、

「よし、私も君に負けないように、私も音楽の大学に行ってやろうじゃないか！」と思った。

「むむ、ブースカに負けないためには、どこへ行ったらいいんだろう……そか、とりあえず芸大だ」

そう思ってしまったのだった。

これも宝塚で養われた負けん気のおかげなのか？

この小さな事件も、芸大受験の大きな引き金のひとつになっている。

†辛口父上様

テレビの歌番組でちょっぴり歌うことに自信がついて、ミュージカルやコンサートなど歌の仕事が増え出し、「私は歌が大好きだから歌う仕事をしていきたいなあ」と思っていた頃、またしてもお父上様が、

「家でぶらぶらしていても（断固としてぶらぶらはしていなかったのだが）仕方がないから、クジゴジ（九時に出社、五時に退社）の定まった仕事をしなさい」

と、おおせになる。

そう言われてもねー。

ずーっと、歌ったり踊ったりして暮らしてきたのにさー、九時から五時までなんて机に向かってられるわけないじゃん、っと反論したかったのだが、パラサイトの身、ぐっと飲み込んだ。

身体に悪い感じだった。

「ゆかちゃんは、かわいそうだねえ。ゆみちゃん（姉）を見て幸せだと思わないか、優《やさ》しいだんな様がいて、結婚して可愛い子供が二人いて。ゆかちゃんは何もできることないんだから、すこし考えなさい」

もう、完璧《かんぺき》に「無能の人」は、息もしちゃいけないと言われている気分になった。

父は、私のことを心配して助言をしてくれるのだが、うまくコミュニケーションが図《はか》れず、いつも完璧なタイミングでずぶっと心に突き刺さる言葉を言ってくださる。

何にも考えてないわけじゃないのに。

心の中にやりたいことは、いーっぱい、あった。

でも、それは、実現できるかどうか、まったくわからないことばかりだった。

かなえられなければ、ただの空想好きのおばかさんなのよねー。
それも格好悪いなー。
だから、絶対かなえなきゃならんと思った。
まだ夢が見たかった。夢のない人生を送りたくなかった。
まあ、なるようにしていくしかないでしょ。

退団後、『真夏の夜の夢』のパック役で（東京芸術劇場）

コンサート『Second』（青山円形劇場）

そんなことばかりを考えている日々であった。

思えば、あんなふうに言われた日々も、バネになっているのかもしれない。

†「本気らしいぞ、三矢」――平野教授談

ミュージカル『アニー』で芸大教授の平野忠彦《ひらのただひこ》先生とご一緒した。

結局、このことが芸大受験の直接のきっかけとなった。

中卒だった私は、もともと漠然とキャンパスライフに憧れていたのだが、何かのきっかけで平野先生に、

「私、芸大に行ってみたいんです」

と、お話ししたことがあった。

先生は、おそらく私が「芸大に〝遊びに〟行ってみたい」と言ったと思われたのだと思う。

「どうぞ、いらっしゃい」

と、気軽におっしゃった。

そして、その年の芸大の文化祭「芸祭」に、『アニー』で共演していたお友達何人かと一緒に、東京芸術大学にうかがった。

その規模にびっくり。

まず、音楽学部の中に声楽科、邦楽科、楽理科、指揮科、器楽科などがあり、器楽科の中でも弦楽器、管楽器などあらゆる楽器を専門としている学科があった。

まず見学したのが、トランペットやサックス、クラリネットなど管楽器ばかり五十人ぐらいで「ウエストサイド・ストーリー」の大演奏。

ルックスのよい若者たちが、迫力のある演奏を聴かせてくれた。

芸大でクラシックの〝お芸術〟なんてカタそー、と思っていたのだが、「生の音楽」という感じで身体の中にすうっと入ってきた。

もちろん、普通にオペラや弦楽四重奏などもあったが、全員野菜の「着ぐるみ」を着て、踊りながらのオーケストラ演奏（しかもクオリティが高かった）なんてのもあり、まさに音楽のお祭り騒ぎ。

わぁーい、絶対ここに入りたあい！　と改めて受験を決意した。

隣に行けば、美術学部。

これがまた、すごい。

建築科、日本画科、工芸科、デザイン科等々、私のまったく知らない世界が広がっていた。

「文化祭」という響きが似つかわしくないほど、すべてが本格的で大がかり。

普通、「模擬店」なんて言うと、テントでタコ焼きを焼いていたりするのだが、なんてったって建築科がいるもんだから、わずか四日間のこのイベントのために、三階建てのインドカレーのお店屋さんが校門のわきに建っちゃったりするのだ。

その店の宣伝チラシを、デザイン科の学生がお見事に作っている。

しかも、芸大には偉い先生の胸像が何体も建っているのだが、「芸祭」のときには、その偉い先生方は、建築科の学生の手によって引っこ抜かれ、校庭の隅にひと束に積み上げられていたりするのだ。

不思議な絵をかくデザイン科の繊細な感じの青年がいたり、陶芸科では、自作の力強い青磁《せいじ》の大皿や湯飲みを、手作りのピアスと一緒に売っている可愛いお嬢さんがいたり。

万一、自分がこの大学に入ったら、一体どんな友達ができるんだろう、そう思ったら、わくわくして、いても立ってもいられなくなった。

しばらくしたある日、平野先生にもう一度、まじめに「受験したい」という意思を伝えた。

「いやあ、受けるのは、自由だよ。どうぞ、頑張ってごらんなさい」

平野先生に声楽のレッスンをしていただき、受験に必要なソルフェージュを、平野先生の助手の先生に教えていただくことになった。

ソルフェージュとは、譜面を読んだり、音を聞き取ったりする音楽の基本なのだ。

このソルフェージュが、受験の最後まで私を苦しめ続けた。

音大など受ける人はたいてい、幼少の頃から音楽教室などに行って、できるようになっている（絶対音感のある人なんて山のようにいて、救急車の音や、クラクションを、あれはラの音、あれはファ、とかほとんど普通にできるのだ）。

恩師平野忠彦先生と

だから、一度に鳴っているいろいろな楽器の音を聞いて、それを譜面にさらさら書けるようにならなくちゃいけない「聴音」とか、シャープやフラットが虫みたいにいっぱいついている譜面を、平気な顔して歌えるようにならなくちゃいけない「新曲視唱」などは地獄《じごく》だった。
これを三十歳を過ぎてからやろう

というのだから、もう大変。

教えてくださる助手の先生も、当然、もともとそんなことできる方だから、なぜ私が音がわからないのか理解できないようで、大変ご苦労をかけてしまった。

なかでも、私はこの音を聞き取って楽譜に記す「聴音」がとくに苦手で、最初の頃は、四つの音が一度に聞こえて進んでいく和音聴音など机をひっくり返したくなるくらい、好きじゃなかった。

平野先生は、しばらくしたら私が飽きるだろうと思っていらしたらしく、三カ月くらいしたある日、助手の先生に、

「あいつぁ、どうやら本気らしいぞ」

と、しみじみ、おっしゃったそうだ。

フウフウと勉強を始めたソルフェージュも大変だったが、本気になると、試験までにすることがたくさんあるのに気がついた。

試験までにあと一年もないときに気がついた大変なこと。

「あ、高校行ってない」

†大検！　まずは引っ越し

あれえ、間に合うかなあ……まずい。

父に、

「来年、大学に行こうと思う」

と、話したら、

「何を夢のようなことを、ゆかちゃんは高校行っていないんだよ。行けるわけないじゃないか」

と、言われた。ごもっとも。

NHKの通信講座ですこしは高校の単位を取っていたものの、大学を受けるのにはやっぱり大検しかない。

大検とは、皆様ご存じ、大学入学資格検定のことである。

しかも、大学の受験まで十カ月、大検までは半年くらいしかなかった。こうしてはいられない！

形から入る三矢。

やっぱり受験生になるなら、まず生活を変えなくては！　どこかに「こもる」べきだ。

そうだ！　まず引っ越しをしよう！（まず「勉強」でないところが私だ）

待てよ。どうせなら、吉方に越した方がいいぞ……と、日頃は、まったく無宗教の不信心者のクセに、お知り合いの方位学の先生にお電話をかける。

「あなたの家から見て、東北方向に越してごらんなさい。そして、九十日間は、何があってもその家以外に泊まってはいけません。そうすれば奇跡が起きますよ」

と、言っていただいた。

なるほど。

ミス・アンジーと言われるほど、暗示にかかりやすい私。

「そうか、これで奇跡が起きるのだな」

と、すぐにお引っ越し。

一九九五年三月のことであった。自分でも信じられないアホな行動派。

その東北方向は、まさしく芸大。しかも姉の嫁ぎ先の家のあるところ。そこから一〇〇メートルの小さなマンションに引っ越した。

九十日間、実家にも帰らなかった。

しかも、家の中にはＤｒ.コパの風水も取り入れてみたぞ。こうなったら何でもやる。

受験まで時間もないし、この際、よいジンクスは全部やっておこうと思った。

引っ越しも終わり、さて勉強。やはり独学では心配な私は　予備校探しを始める。

お茶の水の学生街の本屋さん「丸善」で大検関連の本を探す。

資格の本はたくさんあるのに、大検の本がなかなか見つからない。

私と同じくらいの年の人が、宅建の本のありかを尋ねていた。

私は、まず「大検」からだ。

センター試験の本、大検の問題集と並んで、十冊ほど並んでいた。

よさそうな予備校から怪しそうなのまで、いろいろある。

どれも「楽しく学習！」をウタッているが、もちろん楽しいだけで大検が取れるワケないのだった。

校舎がきれいで、おしゃれなカフェテリアが充実していて、クラブ活動も本当の高校のようにある、という宣伝写真入りのものが多かったが、時間的にも経済的にも余裕のない私には、営利な感じがして、どれも現実的でなかった。

お試しで模擬試験を受けさせてくれて、その結果を郵送してくれる学校がいくつかあったので、片っ端から受けてみた。

まあ、まったく勉強していない私の模擬試験の結果は、想像どおりズタボロだったが、
結局、大検に関しては、いくつかの夏期講習などの短期講習だけを取ることにした。

基本的に暗記ものが多かったので、あとは自分で本屋さんで片っ端から参考書と問題集を立ち読みし（半日は費やした）、その中で自分に合っていそうなものを買ってきて片っ端から戦ってみた。

そのズタボロな成績に、じつは、かなりブルーになっていた。

しかし「いままで勉強してなかったんだもん、できなくて当然！　当然！」と自分を励まし、思い込みのはげしい性格、「自分は受かる！」とイメージトレーニングを続け、とにかく明るく勉強することだけを考えていた。

受験科目には、英語、地理、現代社会、生物、国語、数学などがあったような気がする。

必要最小限の科目のため、お茶の水にある駿台《すんだい》予備校に行くことにした。

入り口に新規講習生募集の表示があったが、何からどう受講してよいかわからず、受付に行ってみると、小学生の講習の紙を渡された。

「私のどこが小学生に見えるんじゃあっ！」っと突っ込もうと思ったら、どうやら、私を子供の講習を申込みに来たお母ちゃまだと思われたらしい。

失礼しちゃう。

むっとしながらも、こういう理由で受講したいと述べると、いくつかの講座を紹介してくれた。

†因数分解、すぅすうぅすうぅっ……

おそらく、昔、学校で勉強したことばかりなのかもしれないのだが、どの学科も忘却の彼方。

最初は、何もかもさっぱりわからなくて、因数分解が何なのか、英語の五文型が何なのか、もう三十一歳の脳ミソは、さっぱりわからずお手上げだった。

微分積分とか聞くと、それだけできゅうに首のまわりがぐっと凝《こ》ってきた。

因数分解の説明が始まった段階で、拒絶反応で眠くなり、すうすうすうっと寝息をたてて机に突っ伏してしまった。

しかし、親に月謝を出してもらっている昔だったら、このまま眠ってしまったのだろうが、自分の少ない資産の中でやり繰りし、チョイスした貴重な講座だったので、眠くならないようにつぎの日の予習までして出かけるようになってしまった。

人間変われば変わるもんだ。

なんとなく好奇の視線を感じつつも、「あっれー、やっぱりあたし、華やかだから目立っちゃうんだわー」と、超勘違いに楽しく通っていた。

ゼミでも自宅でも、とにかくどの科目もひたすら問題集を解いては、答え合わせをし、解説を読んだ。

スランプのように、暗記したことが、まったく出てこなくなってしまったこともあった。

あらゆる勉強が、パタッと進展しなくなってしまうようなときもあった。

そんなときは、メンタル本の類いが救いになった。「誰でもあることさ、短期記憶と長期記憶があるから、覚えたことをしっかり保持してどんどん問題を解きながら使っていくことが大事」なんて書いてあって、いちいち「そーかー」と励まされていた。

辛くなると、イメージトレーニングで乗りきった。

合格発表を見て、喜んでいるところとか、問題をすらすら解いているところなどの精神的「ごっこ」遊び。

本当に役に立った。

これで、精神の均衡《きんこう》を辛うじて保てたような気もする。

それにしても、これで本当に間に合うのかなあ、と当然いつも心配になった。

しかし、悩んでいる暇はない。やらな、しゃあない。

信じられないくらい苦手だった地理などは、やみくもに覚えていくより、ひとつずつ理解しながらことを進めていくと発見が多く、おもしろくなってきた。

そして、踊りながらリズムをつけて、小麦の生産量を覚えたり、数値や化学記号なども歌にしたり、テープに世界の山地山脈を自分で読んで録音したりして、みずから暗記方法をあみ出した。

これは、かなり楽しく、効果があった。

楽しくやっていないと、暗い日々に押しつぶされそうだった。

まったく、自分が好きでやっているというのに。

とりあえず、しわのない脳ミソに詰め込めるだけ詰め込んだ。

そして、あっという間にやってきた秋の大学資格検定試験の日。

試験会場は、小金井にある東京学芸大学だった。

偏差値などを見て、どんな大学がどんな勉強をする学校なのか、すこしわかりはじめた頃だったから、

「はあー、学芸かあ、ふむふむ、この学校は、先生を創っている学校なのだな」

と、思って学校を見渡してみた。

無機質な、温度感や感情のない印象のアルミみたいな箱が何棟も建っていた。

それが、試験会場の教室だった。

その日はすさまじい雷と豪雨で、帰りには電車が止まってしまったほどの悪天候。

ねずみ色の重い空と冷たい教室の中で、黙々と問題を解いた。

……

テンションの高さはまったくなく、いつものように血圧四〇、七〇という感じで、とりあえずどんどん解いていった。

これを越えないと、先に進めなかった。

できるかなあ、じゃなくて、やらなきゃ始まらなかったのだ。

結構合格率は低く、普通に高校に行った方が、よっぽど楽と言われていたこの大検。

勉強を始めてすこしした頃、私の中の負けん気が頭をもたげ、日本の中のたくさんの人が持っている大学に入れる資格を、自分だけが持っていないのが辛《つら》い気がしてきた。

「特別、頭がいいワケではないけれど、同じ人間なのに、私だけその能力がないわきゃないはずだ」

それが、この大検でのイメージで、奮起の種だった。

勉強期間は、非常に短かったのだが、「絶対、落ちないぞっ！」と決めていた。

泣きそうに、落ちている余裕はなかったのだ。

一九九五（平成七）年、九月の末。
茶色の封筒で、結果が送られてきた。
表彰状よりすこし小さなベージュの紙に、
《合格証書》
東京都
上記のものは、大学入学資格検定規定による資格検定に合格したことを証する。
平成七年九月二十一日
文部省

と、書かれていた。
……ふうーっ。
さあて、やっと大学を受ける資格がもらえた。
ここから、本気で東京芸術大学に向けての勉強が始まった。

†そして、計画表！
大検に受かってほっとひと息。

しかし、大学受験に関して、勉強しなきゃならんことは〝激増〟。マンションで勉強をしはじめて、思い出した。

机に向かって勉強しなくてよいから宝塚に入ったんだー。

気がついたときは、あとの祭り。

朝から晩まで机に向かっていると、はげしい肩凝りがしてきた。

ピアノのお稽古《けいこ》も大変だった。

小学生並みに、座るとすぐ何か他のことをしたくなる〝じっとしていられない性格〟はどうにかならないものかと、自己嫌悪《けんお》に陥った。

まずは、一定の時間、座って、机及びピアノに向かう癖《くせ》をつけるまでが大変だった。

机に向かうと、引き出しの中の整理がしたくなったり、ツメが切りたくなったり。

心の中で、何度自分に向かって「おーまーえーは、あーほーかー」と叫んだことか。


三十二歳で大学に入学したということで、取材をいただき、「計画的な方ですね」「頑張り屋さんですね」とか「もともとお勉強が好きだったのですね」などと言っていただくことがあったが、はっきり言って、ホントとーんでもない。

計画性なんて、皆無。お勉強は、もちろん好きではない。

しかも、楽々脳ミソに入っていく十代とはスピードが大違い、大変だった。

その上、私は、「できれば、セミの幼虫になって十二年間、暖かい土の中で眠っていたいなあ」と、いっつも思っている怠け者なのだ。


幼い頃から芸大受験に照準を合わせて勉強してきて、試験教科すべてをサラッとできてしまう人たちと違って、ピアノも学科もほとんどがゼロからのスタートで、ハンディがありすぎ。


私のノンキなペースでやっていたら、どう考えても間に合うわけがなかった。

仕方なく、時間を分割して、細かい予定表を作った。そう、楽しく時間ごとに色分けしたりして。時間表完成の段階で満足して、合格できた気もしていた。

本当におサルさん並みの集中力なので、追い込まれないと行動できないのだ。

仕方がないので、縁起をかついでこの計画表を毎日〝触って〟、遂行さえすれば合格できる！　と思い込むことにした。

思い込みのはげしいB型、乗せるのは（？）簡単だった。

ちなみに、その後遂行されることになった日課は、こんな感じだった。

▽毎朝、朝食前にコールユーブンゲンを丸ごと暗譜するため、全曲入りのCDを聞きながら、上野の森を三十分間ジョギング。

▽途中、芸大の前を通り、校門の正面にある三本の高い木の真ん中の一本に向かって、「うん、ここに入るぞ」とイメージトレーニング。

▽そのあと、上野東照宮《とうしょうぐう》参拝、ときどきおみくじを引く（これが、なんと五十円で買える年期モノの赤い自動販売機で、壊れていてときどき出てこない。学業の項に「そのまま努力せよ」とか、「気分を変えて集中を」とか「弱きところを見直せ」とか、毎日まったく私を見ているかのように、的確なアドバイスをイタダケルのだ。あまりに単調な毎日のため、ささやかなレクリエーションでもあった）。

▽マンションに帰り、課題曲のCDを聞きながら朝食。

▽そのあと、午前八時の開館とともに国会図書館へ行き、午前中にセンター試験用学科。英単語／英熟語／古文文法／古文単語／漢文単語、昼食。午後、楽典と過去問題集を解く。

▽五時の図書館閉館で、帰宅後、音楽実技／ピアノ／新曲／聴音／歌唱……で晩ご飯。夜は楽曲の意味調べなど。

本当に、毎日毎日毎日毎日毎日毎日毎日毎日毎日毎日毎日毎日、この繰り返しで日々を過ごした。

洗面所には、英語の活用表、お風呂には、パウチした古文の活用表を貼《は》っていた。身体で覚える派なので実技の歌はしつこく歌い（声楽家には本当はよくない）、気がついたらあっという間に時間が過ぎ、九時間歌って声が出なくなり、先生に叱られたこともあった。

でも、毎日歌っても歌っても歌い足りなかった。

†三矢、仙人になる！

一人マンションで孤独な日々と戦《たたか》いはじめた。

この頃、人と会うとすれば、週に一度くらい。

近所に住む姉夫婦と、私が生きているかどうか確認に来てくださる姉のお姑さんくらいだった。

遊び歩くのが大好きだったワタクシが、ほとんど仙人のように家と図書館にこもって、朝から晩まで勉強三昧《ざんまい》の日々を送るようになったのだった。友人たちに連絡先も知らせずに引っ越したため、電話もほとんどかかってこない。

だから、一週間、誰とも会わず、ひと言も話さないということも、ざらだった。

こんなことがあった。

毎日歌は歌っているものの、ある日、久々に姉と話そうと思ったら、口が開かない。話をしようと思っても、唇がくっついて、あごの骨が固まって、口が開かないのである。ギャグマンガのようなのだが、口を無理やり開けたら、唇がちりちりとして、あごがミシミシッといったのだ。

ホントに。

美容院にも行かないから、髪も伸び放題（ある意味ワイルドでいい女ではあったのだが）。姿も暮らしも、まるで仙人のようだった。

「猫《ねこ》は、寂しいと死んじゃう」という話を聞いたことがあるが、仙人生活半年目ぐらいに、あまりにも誰にも会わずに過ごしていたため、極度の「孤独」に震えが止まらなくなったなんてこともあった。

ある日、陣中見舞いを持って来てくれた姉に、

「何やっているんだろう、私。こんなことやってて、合格できればいいけれど、あまりにも先が見えなくて、不安で、夜中目が覚めちゃうんだよね。自分で決めたことなのにね」

と、ぐちったら、

「んー。私の場合は、ごく普通に大学を出て、普通にお嫁さんになって、普通に子供を産んだでしょ。この先の生活もすべて想像できる。その方が、不安になるものよ。あなたは自分の道を見つけたんだから、どうやってだって生きていける。頑張んなさい」

と、言ってくれた。

涙が、ぽろり。いい姉だあ。

姉と話したことで、何かまたひとつ、自分の方向が明確になり、再び、毎日毎日毎日毎日毎日毎日毎日の「同じプログラム繰り返し生活」が始まった。

誰かと話してちょっと考える〝向き〟を変えてもらうだけで、まったく世界って軽くなるものだ。

それからしばらくしたある日！

マンションに引っ越してから九カ月目。

センター試験まで、あと一カ月、十二月の初めの頃であった。

絶望的に時間がかかっていた英語の長文読解が、とつぜん、倍の速さで解けるようになったり、まったく弾《ひ》けなかったピアノの「泣きそうにややこしいフレーズ」がとつぜん弾けるようになったりという、うれしい事件が起きはじめた。

九百九十九回やってできなかったことが、千回目にきゅうにできるようになる。

「こういうことが、奇跡というものなのか!!」と思った。

根が怠け者だから、『三日で東大合格ラインの英単語習得法』とか『奇跡のメンタルトレーニング』とか『楽々右脳で志望校合格！』ってな本をどっさり読みあさった。

しかし結局、仙人のように過ごして悟った（？）私の結論は、

「何でも、できるようになるためには、観念して、サルのように繰り返してやること」であった。

それが絶対的に到達への近道なのだな、と思い知ったのだった。

ある一定のところまでできてしまうと、だんだん楽になって、おもしろくなってくる。

マラソンに似ているかもしれない。

昔から私のことを心配してくださっている知り合いに、

「ああ、どうなることやら……」

と、また、泣き言を言っていたら、

「とか言って、三矢さん、今回の受験、またしても楽しんでるでしょう」

と、言われてしまった。

あ、確かに。

結構楽しみはじめていたかもしれない。

「楽しんでいる」と言っていただいた途端に、きゅうに気が楽になってしまった。

「みずからを軟禁し苦悩する受験生ごっこ」をしていることに気がついたら、だんだんおもしろくなってきた。

私の大好きなミュージカル映画『メリー・ポピンズ』の中に、一杯のお砂糖で苦い薬も美味《おい》しくなる、面倒臭い仕事も楽しんでしまえばゲームになる、という歌が出てくるのだが、まさにその気分だった。

それを楽しんでしまって、繰り返し繰り返しやるのが、苦境を乗りきる道のようだった。

半ベソをかいて、「いつか笑える日が来る！」と唱えながら。


✝世紀のＢ型、国会図書館「毎日一番入館！」


家から五分のところに国立国会図書館上野分館があった。

レトロで重厚なたたずまいがすばらしく、三階分くらいある高い天井に大きな扇風機がゆったりとまわっていた。

四季を通じて部屋の中の温度も変わらず、二十歳以下は入れなかったので、本気で勉強するぞっ！　という気にさせてくれる私の大好きな場所であった。

その図書館入り口には受付のおじさんがいて、入館する人に整理番号を渡していた。

「はい、おはよう。今日も一番ね」

なんだか、センター試験の日までずっと一番で入館し続けていたら、芸大に合格できるような気がしていた（結局、本当にセンター試験の日まで毎日、完璧に毎日一番で図書館に入った）。一番での入館から、「ゆうやけこやけ」のチャイムが鳴る五時閉館まで、英語、現代国語、古文、漢文、音楽理論の問題を繰り返し繰り返し、解き続けた。

その図書館では、毎日、座る場所も決まっていた。

広い部屋の真ん中の左側、窓から大きなポプラの木の見える席だった。

夏から秋には、徐々に木の葉の色が変わっていくのも見えた。


ちょうど、その夏から秋にかけて三カ月間ほど、私の右前方の席に、私よりすこしだけ年上の聡明《そうめい》な感じの女性が来ていた。

どうやら、証券関係のことを勉強しているようだった。

その人も、ほぼ開館から閉館まで頑張っていた。

昼ご飯の時間もだいたい同じ、その図書館の地下にある食堂で食べていた。

いま思うとちょっと病気になりそうなのだが、私のランチは、毎日、そこの野菜たっぷりのタンめんとコーヒー牛乳というメニューだった。

そのときは、その人も私も、自分の参考書を見ながらの食事だったので、毎日、近い席に座っていたのにもかかわらず、結局一度も話す機会はなかった。

それでも、毎朝席に着くとき、顔を合わせると、にこっと会釈《えしゃく》をしていた。

なんだかそれだけで、「お互い今日も頑張りましょうね」と言っているようで、単調な日日の中での、頑張れる小さなうれしい習慣だった。

どうしていらっしゃるのだろうか。

†過去問解き中、電話撃退！

国会図書館がお休みの日曜日。

自宅で、センター試験の過去問題集を、時間を計りながらやっていた。

かなりいいペースで解きはじめている頃に、電話が鳴った。

時間と戦っていたので、当然、その電話を無視して解き続けていたのだが、「そこにいるのは、絶対わかってるぞ！」という感じで、その電話は鳴りやまない。

「もう！　わたしゃ時間を計って過去問題解いてるんだってばあぁ！　絶対出ないもんね

ー」

……それでもまったく鳴りやまない。うーぅ！　しつこいヤツめ。許せん！　仕方ない。出るか。

「もしもしぃ？」

返事がない。

「ご用じゃないんですかあー、ねぇー？　誰ですかっって」

まーったく。こっちは、時間計ってんだからぁー。しーんじらんないっ。

「あ、あの……」

ちょっと、オドッとした感じの男性の声が聞こえた。

「ひ、平野だが……み、三矢君？」

ひょえー。私の師匠平野先生であった！

「きゃー、お疲れさまですぅ。あ、あ、あの、つぎのレッスンですねえ。あー、モオシワケありませんでしたぁ……」

全身から汗がふき出し、二オクターブぐらい声も上がって、電話の前で岩になってしまった私がそこにいた。

……もう一度お詫び申し上げます。先生、申し訳ありませんでした。

†学科試験、武井さんありがとおっ!

学科試験に関して、他の科目は参考書などを見て、独学でなんとかなったのだが、英語だけは、一人ではどうにもならなかった。

仕事柄、英語の歌を覚《おぼ》えたりすることはあったので、単語の暗記などは楽だったのだが、文法となると、からっきしわからなかった。

そこで、宝塚時代の下級生のときから応援してくださっている、英語とドイツ語(そしてお料理も!)の達人に教えていただくことをお願いした。

快諾《かいだく》してくださったその方は、武井曜子《たけいようこ》さん。

武井さんは、私が宝塚にいた頃、毎月欠かさず公演を観《み》て、差し入れをしてくださったり、宝塚の機関誌に私への応援文を送り、その文才からよく掲載されていたりしていた。

現在も、たくさんお弟子さんがありながら、ドイツ語を研究し続けていらっしゃる。

私の大学受験バナシは、まわりの宝塚時代に応援してくださった方たちにしていなかったので、ごく親しい人にも言わずにこっそりと教えてくださった。

タカラジェンヌ時代は、いつもカッコつけていたので、その時代をご存じの武井さんに、自分のできないところや、弱い部分を見せるのが強烈に恥ずかしかったのだが、武井さんはあきれもせず、根気よく教えてくださったのだ。

勉強を始めた当初は、主語と述語はわかるものの、関係代名詞がどっちにかかるのかなんて、まるでわからなかった。

まず文法の基礎を教えていただいて、効率のよい勉強法を習うと、ガゼン問題が解きやすくなった。

毎回、センター試験の過去問題中の長文読解をたくさん解きながら、わからないところを教えていただいた。

武井さんは、お月謝を取ってくださらないばかりか、いつもロクなものを食べていない私に、月二回のレッスンで、夢のようにおいしい手作りのパンや、ビーフシチューなどを用意して待っていてくださったのだ。

挙句《あげく》の果てに、おいしいお食事をいただいた午後は、すぐうとうとと眠くなってしまうという、ドーシヨーモナイ生徒だったワタクシは、お昼寝までさせていただいてから、夜暗くなるまで、レッスンを受けるというありさまであった。久しぶりに人の温かさを感じて、ぬくぬくとした気分を満喫させていただいていた。

一人で勉強していてわからなかったことを、武井さんのお宅に行くまで、一週間に山ほどため込んで一気に教えていただくのだった。

芸大も、センター試験が最後の選考に関わってくるので、東大ほど頑張らなくてもいいけれど、点数を取らなければいけないらしい、と聞き、かなり心配になり、本気で教えていただいたものだ。

こんな奴が、毎月出没してご迷惑じゃないかなあと胸が痛んでいたのだが、またつぎのレッスンのときには、バスが武井さんのお家に着く頃になると、お花がきれいに咲いているベランダから「ゆかちゃーん！」と手を振って待っていてくださったり、冬には、いい声が出るようにと美味しいショウガの砂糖漬けを作ってくださった。

こうして思い返してみると、いつも傍若無人《ぼうじゃくぶじん》に皆さんの好意に甘えさせていただいていたのだなあ、一人じゃ本当に何にもできないなあ、とまたしても胸が熱くなってしまう。


†センター試験！——持参する物／鉛筆二本／消しゴム／鉛筆削《けず》り……威嚇《いかく》は、おっけい

センター試験のはがきが来た。

私の住まいからいちばん近い会場は、東京芸術大学だったので、芸大でセンター試験が受けられるかな、っと思っていたのだが、私の指定場所は足立区の方だった。

いよいよやってきたセンター試験当日。

いつもなにかとギリギリに飛び込むことの多い私も、この日ばかりは余裕を持って行こうと思って、すこし早めに受験票と持参する筆記用具をカバンに入れ、もう一度忘れ物がないか確認してから、出発した。

その頃、私は小さなマンションの三階に住んでいたのだが、玄関から外に出ると、一面の銀世界だった。

それなのに、私の部屋の階段から下の道までは、雪かきがしてあった。

そして、ドアの外側に「朝、家に寄ってちょうだい」と近所に住む姉のお姑《しゅうとめ》さんからのメモが貼ってあった。

お家に行くと、お姑さんがおイナリさんを作って、待っていてくれた。

「これ食べると、なんだか、皆、合格するらしいのよ。ゆかちゃんも持って行って」

と、まだ温かい花柄のハンカチの包みを渡してくれた。

掃除されていた階段の雪のことをうかがうと、

「だって最初の試験の朝から滑《すべ》っちゃったら、ゲンが悪くてかわいそうじゃないの。頑張ってらっしゃい」

と、カラカラ笑って送り出してくれた。

到着した高校は、とても大きい足立区の都立高校だった。

私は、高校に行っていないので、高校というだけでも興味津々《しんしん》だった。

いままで一度も来たことのない学校の、誰もいない雪の校庭のベンチで、英単語を最終チェックしながらおイナリさんを食べるのは、なかなかオツなものだった。

「むむむ、オモシロイ、オモシロイ。三十一歳でこれはなかなかできない体験だぞう。ふっふっふ」と、ダンダン自分のやっていることが、おかしくておかしくて、笑いが込み上げてきた。

試験開始二十分前になったので、校内に入る。

この日私が装備した筆記用具。これが絶対的に、負けない武器だった。

受験案内に、会場で机の上に出しておいてよい物は、鉛筆二本、消しゴム、鉛筆削《けず》り、受験票とあった。

とくに細かい指定がなかったので、大好きなお気に入りのグッズを連れていった。

私の大好きな、三匹のウサギの絵のついたＨＢの「かきかたえんぴつ」三本。大きなピンクのウサギの消しゴム。

そして、試験勉強中、ずっと私を見上げて、メンタルな部分を支えてくれた身長二〇センチのプラスティックのドナルドダックの鉛筆削り。

「暗記」から「神頼み」まで、できるだけのことはすべてやったので、不安はなかった。もう、じたばたしても始まらないし。

きちんと稽古しておけば、前奏が鳴れば自然に歌えるのに、無理に開演前に歌詞を思い出そうとするとわからなくなるのと同じで、とにかくリラックスしたかった。

試験開始までは、別に何をしていても試験の立ち会いの方に叱られない（不気味で声をかけられなかった？）ので、愛用のポットに入れてきたココアをエレガント（？）に飲みながら、始まるまでの時間を楽しんでいた。

教室中のライバルへの威嚇はおっけい！　だ（まったく勘違いなやつだ）。

隣に座った少年が、こいつは何者なんだぁ？　と、かなりびっくりしてこちらを凝視《ぎょうし》していたので、明るく、

「どこ受けるんですか？」

と、声をかけたら、また、さらに驚いて、

「え？　じ、自分すか？　自分は東大理Ⅲっす」

と、答えてくれた。

すごーい、私って、東大受ける人と一緒に試験受けてる、天才かも！

と、ワケのわからん喜びで胸いっぱいになりながら、まずは、英語。

「はあい、じゃあ机の上の物をしまってください」

立ち会い担当の方がおっしゃる。

結構緊張はしていたものの、おもしろがっているうちに、なんだか、本当に落ち着いてきた。

いままでやっていたことも、一〇〇パーセントできるような気がしてきた。

英語の問題は、幸運なことに、シェイクスピアの来日公演で、劇場の構造や何番目の席に誰が座るかというようなものだった。

参考書や単語帳には出てこなかったけれど、実際に劇場で目にしていたＡＩＳＬＥ（通路）なんて単語が出てきて救われた。

そして、国語。

以前、予備校の先生に、「現代国語の読解は〝年の功〟で出題者の意図がわかり、高得点が期待できる」と言われたのと、もう都内の過去問題集をすべて解きつくしたほど、問題を解いていたので、とても簡単に感じた。

しかも、実際出題された長文読解も、若かりし日、夢中になって読んだ吉本ばななの作品『つぐみ』だったので、読みながらカンドーしてウルウル涙を浮かべながら解いた。

数日後の新聞に、解答が掲載され、自分の持ち帰った解答の番号と、新聞を照らし合わせ、自己採点をしていく。

お正月過ぎに、新聞の上でこの作業をしている自分の姿は、お年玉はがきの当たり番号を確認しているのによく似ていた。

英語は、まあまあ。そして、国語は、二百点満点中百九十五点だった（自己採点だけど多分本当）。驚いたことに、漢文の問題を一問、間違えただけだった。こんないい点数は、学生時代には、取ったことがなかった。

なんだあ、三矢。「根性なし」の「無能の人」だと思ってたのに。

やればできるんじゃないか。自分で頭を「いいこいいこ」してあげた。

†芸大での一次――小さい部屋で緊張

さて、いよいよ実技に突入。

控室に入る。

ぞろぞろと収容される、という感じである。

ドキドキドキドキ。

広いけれど、薄暗くて、あまりきれいじゃない部屋。

マイペース、マイペース。

まず、私は、足が冷えると声が出なくなるので、姿かまわず愛用の虹《にじ》色のレッグカバー着用（この虹色のレッグカバーがオペラ『魔笛』に出てくる、パパゲーノという「鳥刺し役」みたいで、私の知らないところで「パパゲーノのような人」と言われていたそうだ）。

そして、また精神安定用ココアを飲み、のびのびとストレッチ。

まわりを見渡すと、どんより重い空気で、他の受験生は用意された椅子《いす》に貼りついて座っている。

誰も発声を始めない。

ええい、時間がない、と勇気を出して発声を始める。

「大丈夫、大丈夫。私は、十年も舞台やってきたんだし。毎日三千人の前で公演してきたんだもん。うまくできるに決まっている」

必死で自分に暗示をかける。

でも、じつは、おとなになっていた分、他の受験生よりずっとドキドキしていた。まず、日本歌曲。

三曲の候補曲の中から、歌う曲が発表になった。私には比較的歌いやすい「よしきり」が当たった。教室に入る。

絶対、絶対、緊張なんかするもんか、私は、三千人の前で歌っ……！

ところが、びっくりするほど狭い部屋。一メートルちょっとの至近距離に、先生が四人並んでいる。先生の息づかいまで聞こえてくる。

何人かの受験生が、一緒に部屋に入る。

三千人なら全然緊張しないのに、前に歌っている人のときも、音程が下がると先生方の眉毛《まゆげ》がピクッと動いたり、口元の表情まですべてが見えてしまう。こういう狭いところは、小心者の私には大変苦手だった。

心臓が、ばくばくしだした。

とりあえず、「よしきり」を歌い、つぎなる課題曲イタリア歌曲の試験へ。

イタリア歌曲の方が、すこしは落ち着いて歌えた。ここまででも、くらくら、だった。

数日後の一次合格発表。

なんとかクリア。

合格だった。


数日後の二次試験の自由曲。

アリア「Ａｈ！　ｒｅｎｄｉ　ｍｉ」という曲を歌った。

あまり有名ではないが、低い音が多く、音域が広いドラマティックな歌だった。

今度は、だいぶ広い部屋。

先生方もすこし離れたところに座っていらして、人数も二十人くらい。灰色の大きな馬のオブジェが置いてあったのを覚えている。

「ああ、これは、いままでやってきたステージ、ステージ。あそこにいるのは、お客様よ。ようこそ、ようこそ！」と、自分に言い聞かせる。

この日はどうしたことか、すばらしい気持ちよさで歌えた。

百八十度パノラマの歌の風景が、私の身体をすっぽりと包んでくれた。

数カ月間、この歌を寝ても覚めても歌ってきて、この歌が特別に好きになっていたということもあるのだが、このときがはじめて「あ、音楽の神様っているのかも」と思った瞬間だった。

私の目線の斜め上のところで、にこにこ誰かが聞いてくれているような、なんともぬくぬくした感じになった。

とにかく、気持ちよかった。

これだけ気持ちよく歌えたのだから、結果なんかどうでもいっか、という気持ちになった。

†打って変わって三次試験

二次試験から、引き続き副科、ソルフェージュの試験となる。

一〇九号室という大きな大きな階段教室で、「楽典」という音楽理論の試験が行なわれる。

できる限りのことは勉強したつもりだったのだが、とんでもなく難しかった。

私の持っているどの過去問題集や参考書にも出ていなかった問題がたくさん出題されていた。

それなのに隣に座った人の答案は字でびっしり。

まず、へこむ。

新曲視唱も止まったらアウトというものなので、とりあえず止まらなかったが、数カ所ウソを歌ったような気もした。もちろん「カイシンの出来」とは言えなかった。

さらにへこむ。

いちばん苦手な聴音は、四分の三くらいしかできなかった。ピアノも雰囲気で乗りきったものの、勉強期間の短さは隠しきれるものではなかった。

もう半泣き。

だめだこりゃあ……。

コールユーブンゲンの試験会場に、私の師匠、平野先生がいらした。

こんなとき、自分の師匠と試験場で出くわすことぐらい緊張することはない。

最初の独唱の部屋よりさらに小さい部屋で、二人の先生が審査員。

師匠はとびきり険しいお顔で座っていらした、ように見えた。

もうほとんど被害妄想《もうそう》。

さっきの、楽典で隣になった人に話を聞くと、この学校の受験生は、他音大を卒業した人とか、音楽高校を卒業した人などがたくさんいるから、ソルフェージュは当たり前のようにできる人が大勢いるということだった。

でもいちばん重要なのは歌だから、と慰めてくれた彼女が、女神に見えた。

帰り道は、超猫背でとぼとぼと歩き、五分で着いてしまう自宅に戻った。


もう絶対だめだったと思った。

玄関に荷物を投げ出した。あああ、この一年間、何だったのだろう。

まるで無駄なものだったのかなあ……と、ベッドに寝そべる。

そもそも、一年やそこらの勉強で、受かろうというのが甘かった、と絶望的な気分になる。この一年、とにかくだめだったときのことは考えないように、「受かったらあれをしよう、受かったら、どこに行こう」と、成功したときのことだけしか考えず、メンタルトレーニングして気持ちを支えていたのだが、もう限界だった。

だめだったら……。だめだったら……。

全身がだるく、三次試験のことは悪夢のようで思い出したくなかった。

眠ってしまおうと思っても、頭が冴《さ》えて眠れない。

仕方なく、することもないので、なぜかシドニー・シェルダンの小説の上下巻を何種類か、いっぺんに読んだ。


ところが、試験の最後の日から発表までは一週間もあった。

あとは、何をして過ごしたのか覚えていない。

受験するのは、「一回だけ」と決めていたのだが、ここまでやったのだから、もう一年勉強して、もう一回受けてもいいかな、なんてことも思ったりした。

†その日――もう一回、人生楽しんでもよいかな

発表の朝。

もう見なくても、わかってるもん……。

胃に一〇トンの鉛が入ったような痛みとともに、一歩ずつ歩く。

歩くごとに、嫌《いや》な涙がじわじわ出てくる。

あああ、ゆっくり家を出たつもりが、十分も早く大学に着いてしまう。

知り合いに会いたくないので、顔が見えないように、閉まっている校門に頭をくっつけて目を閉じていた。

最悪の二日酔いの日より身体がだるかった。

時間になり、門が開く。


ああ、あそこにある。

やだなー。

遠くから掲示板が見える。


A3判くらいの、びっくりするほど小さな紙が見える。

合格者の番号がちょろっと書いてある。

「ウソでしょ、あんなすこししか合格者いないのー?」

猫背の私の頭に、巨大な岩がゆっくり落ちてきた。

該当者がいなければ、合格者の数は変わるという話も聞いていた。
近づいてみた。
「以上。アルト十四名」
少なすぎ……ああ、もう絶対ない。
やっぱり私って、何もできない「無能の人」なんだ。
日頃は能天気な私も、悲観的なことしか頭に浮かばない。
いいおとなが夢を見るのって、かっちょわりいのかなあ。
やっぱり夢見ちゃいけないのかなあ。
再び、絶望の涙がじどっと染み出てくる。
意を決し、大きく深呼吸をして、番号をたどっていく。

「五十七番」
あ……うそ、あった……。

ぼろぼろぼろっと大粒の熱い涙が三粒こぼれ落ちた。

なにかわからないけれど、許された気がした。

もう、ぼおっとして、その場を離れられなかった。

うれしかった。


宝塚で過ごした日々は、汗と涙で「青春の輝きに満ちた世界」だった。

十五歳で自分の憧《あこが》れた世界に飛び込んで、二十七歳で退団したときに、自分のやりたいことはすべてやりつくしてしまって、「あとは余生だ」と半分本気で思った。だが、もう一度しっかりと自分の世界が創《つく》れる気がした。

せっかく自分で手に入れたものなのだから、もう一度違う人生を楽しんでみてもいいな、と思った。

子供のように、はしゃぎたくなってきた。

†秘密の絵馬

上野の公園の中に、たぬき神社という小さな小さな神社がある。

場所は秘密！

受験前に毎朝、上野公園をジョギングしているとき、本当に小さい神社ながら、ただならぬパワーを感じて、近づいて見ると、たぬきの絵馬がたくさんかかっていた。

「他を抜く」と書いて「たぬき」と読むので、立身出世と受験の神様だった。

それは、ちょっととぼけた「お夕ヌキさん」と椿《つばき》の絵の描いてある絵馬で、ジンクス大好きな私としては、「書かずにはおられぬ！」と、その絵馬に「受験合格祈願《きがん》」と大きく書いて、真ん中のいちばん上にかけた。

思い返せば、あんなに絶望的だと思っていたのに合格できたのは、この「お夕ヌキさん」のおかげかなと思ったりした。

立身出世って、すこし傲慢《ごうまん》な感じのする響きだけれど、元気ややる気がなくなると、何かをやってやろうとか、これをなしとげようという意欲がなくなってしまうことの方が多い。だから、他の人を追い抜いてより上手《うま》くなりたいとか、何かがしたいと思う気持ちって、じつはいちばん大切だなあ、とその「お夕ヌキさん」を見て思っていた。

その後、私の知人たちも、皆そこの絵馬を書いて合格しているから、私が通りがかって感じたパワーのご利益は本当だったのだ。

実技試験の「歌」がとにかく気持ちよく歌えたのも、「お夕ヌキさん」のおかげだったのかなと思った。というか、何でもまずアホのように信じてしまえたのがよかったのかもしれない。

合格発表を見て、まず、師匠平野忠彦先生と、私をバシバシ仕込んでくださった助手の森先生にお電話をする。

どちらも、とても喜んでくださった。

両親にも学校から電話をかけると、

「よかったねー」

と、かつて電話口で聞いたことのないような、うれしそうな声で答えてくれた。

帰りに姉の家に寄ると、あの雪かきをしてくれた姉のお姑さんと姉が、お茶をいれて待っていてくれた。

私がにこにこした顔で帰ってきたのを見て、お姑さんが、

「どうだった?」

「おかげさまで受かってました」

「まー、頑張りましたねー。おめでとう。よく頑張りましたもんね」

と、ちょっとうるうるしながら、桃林堂《とうりんどう》の小鯛焼きを出してくれた。

私は、本当に自分が好き勝手なことをやっただけなのに、まわりの方々にこんなに喜んでもらって、なんて幸せなのだろうと思った。

宝塚の先生方にも報告をした。

私など、六年も前に退団しているのに、どの先生も満面の笑みで私の話を聞いてくださった。そして、宝塚歌劇団の広報の方があちこちに連絡をしてくださり、東京と関西のほとんどの新聞社の方々が取材をしてくださった。

新聞がマンションに届いたときは、大騒ぎ。

姉のお姑さんが、ずっとポストの前で新聞が来るのを待っていてくれた。

野茂《のも》の記事と並んで一面に大きく掲載されている記事を見て、新聞を配達してきたお兄ちゃんに、

「これ、この子なのよ。ウチのお嫁さんの妹なの」

と、うれしそうに見せていた。


そうそう、私が受験勉強中、姉のところでたびたび晩ご飯を食べさせてもらっていたら、当時小学校四年生、憎たらしい反抗期真っ盛りの甥《おい》に、

「ねえ、ゆかちゃん。ナンデぼくの家でご飯食べてんの？　ナンデお仕事しないで、よその家でご飯食べさせてもらってるの？　恥ずかしくないの？」

と、言われたことがあった。

悪意はなく、まったくもって、素朴《そぼく》な疑問だったのだと思う。

姉は、

「ゆかちゃんが、頑張って勉強してるのを知らないのよ、ごめんね」

と、フォローしてくれたが、とんでもない、年中お世話になっていて、「ごめんなさい」は、こっちだった。

もう、本当に彼の言うとおりだった。

ところが、その甥が、私が合格した記事ののっている新聞を学校に持って行って、

「これ、ぼくのママの妹なんだよ、すごいでしょう」

と、皆に自慢してきたよ、というのだ。

結構、いちばん、うれしい出来事だった。


✝晴れて入学！


合格してから入学式まで、また時間があり、掲示板で五十七番という番号を見ただけで信じていろと言われても、かなり不安であった。

受験番号票を事務所で渡すと、ごそっと資料を渡されたのだが、写真での確認などもないので、この人たちは本当に私が五十七番で受かってるかどうか、わかってるのかな、とかなり不安だった。

芸大入学式で。りんりんちゃん（左）、やっこちゃん（右）と

入学式で、「あなた、やっぱり間違い。落っこってました」なんて言われるんじゃないかな、とドキドキしていた。

入学式。セレモニーは、音楽学部邦楽科によるお琴の合奏だった。

晴れやかな気分だった。

きっと私のようなおとなはいないだろうなあ、と照れ臭いと思っていたのだが、声楽科にも私よりだいぶおとなの奥様や、私よりすこしだけ年下の看護婦さん、大学を卒業した人、社会人を経験した人など、経歴は本当にさまざまだった。

しかしもちろん、大半は私よりはるかに年下だった。

ガイダンスにいらした先生方の話される声の響きが、すばらしくよくて、さすが芸術大学、と妙なところに感心してましたっけ。

入学してしばらくすると、仙人生活からやっと解放されたので、しばらく交流のなかった同期から「かわむらぁ、やったね！」と電話や手紙でお祝いの声が届いた。

宝塚時代、同じ組だった下級生のしずかちゃんから、ミッキーマウスの七色のペンを送ってもらって、「ああ、これから、学生になるんだー」と、なんとなく実感が湧《わ》いたのを覚えている。

やっと世間に出て、久々に宝塚を観劇に行くと、私のいた花組の公演中で、掲示板に私の合格の記事を貼ってくださっていた。

退団者なのに。

授業が始まるまでは、なんとなく、おとそ気分（？）も抜けず、友人たちが催してくれる連日のお祝いのウタゲを楽しんでいた。

†「大学は入ったら楽」というのは大ウソだった！

そうこうしているうちに、授業が始まる。

体育もある、音声学、ピアノ、大苦手のソルフェージュ等々もある。

語学などは、声楽科は特別にハードで、イタリア語、フランス語、ドイツ語の中から、ひとつは上級、もうひとつは、中級まで取らなくては卒業できない。

しかも、気の迷いで「教職」まで取ってしまったものだから、心理学、教育学など、膨大な授業量で脳が骨折しそうだった（おかげでガッコの先生の免許も持っている）。でも、もちろんおもしろい授業もいっぱいあった。

なかでも音声学の授業では、献体されたホルマリン浸《づ》けの人の声帯や気管を触らせてもらったり、カメラで自分の声帯を見たりした。

身体の仕組みと声の出る仕組みを知ると、声はこうやって出せば、こう出るんだというのがわかって、とってもおもしろかった。

大学でまず仲良くなったのが、三次試験の楽典のとき、隣の席でぴっちり完璧《かんぺき》に答案を書いていた秀才りんりんちゃんだった。

彼女は、普通の四年生大学を卒業してから、芸大に来ていたので、その間にとてもたくさん勉強していた。

大学を出てから来ている人たちは、勉強のコツというか、ツボを押さえているので、タッタカ勉強がはかどっているのに、私のように勉強の現場からはるかに離れていた人間には、大変大変、ハードな日々だった。

よく、彼女に効率のよいノートの整理の仕方なんかを教えてもらった。

そりゃあ、いろいろな知識や技術が身につくのは、すばらしくうれしいことだけれど、勉強自体は、まったく楽しいことじゃあない。

そのとき、再び（！）気がついた。

あーあーあー。

本っっっ当に机に向かう勉強が好きじゃなくて、宝塚に入ったんだったんだ。

しかしもう、あとの祭り。

歌を習うために大学に入ったはずなのに、一、二年の頃はそれもままならぬほど、教養科目の授業が忙しかった。

すこし仕事もしていたので、ときどき授業を休まなくてはならず、語学などは、二回授業が抜けると、もうさっっっっぱり、わからなくなってしまうのだった。

そういえば、その頃……というか、在学中四年間。

いつもいつも私のためにすべての授業のノートを取っておいてくれる、神様のような同級生がいた。はっきり言って、四年で卒業できたのは彼女のおかげだ。

よく、シャレで「卒業して、本書いたら絶対にトモちゃんのことを書くからね」などと言っていたのだが、実現したよ。

トモちゃん！　本当にありがとっ！　あなたがいたからコンニチの私がおりまする。

勉強以前の大変苦手な作業のひとつに、「コピー取り」と「製本」があった（これはいまでも大苦手）。つまらないことのようだが、音楽高校出身の人たちなどは、まずコピーと製本を授業でやるほど、「譜面が命」の声楽科にとっては重要な作業なのだ。

同級生の皆は、ほとんど誰でも速くきれいにできるのだ。

私の場合はまず、Ａ４とかＢ５とか紙の大きさからして、わかっていなかったので、膨大に無駄な時間を費やし、外国版の変な大きさの本は、微妙なサイズを把握するのが難しかったし、製本なんて端っこが揃ったためしがなく、泣きそうなほどこの作業ができなかった。

声楽の助手の先生にも、

「川村の譜面のコピー、いつも変」

と、言われ、誰でもできることができなくて「人間失格」の気分だった。

†「缶《かん》コーヒー捨てて」事件、その他

学校に入学後、しばらくしたとき、すべてのことが目新しくて、自分ではおもしろがっているつもりだったのだが、一度、壊《こわ》れかけたことがあった。

自分が入りたくて、望んで、エライ時間を費やして入った大学だったのに、だ。

環境の変化に、ココロがついていかなかったのだった。

宝塚ジェンヌ時代、そんなに特別に、チヤホヤされたつもりはなかったのだが、いつもまわりには応援してくれる人がいて、何か、私が話を始めれば、まわりの人は、絶対に聞いてくれるという状態にあった。

外に出てから気がついた、私は、じつに守られた世界にいたのだった。

トップスターではない私ぐらいでも、である。

だから、大学に入って起きた「普通」の出来事でも、自分が世の中からちょっと乱暴に扱われている気分になってしまったのだ。

入学後すこしした頃、あまり親しくない十八歳の同級生に彼女の飲んだコーヒーのあき缶を、

「ねえ、ちょっと、これ捨ててきて」

と、いきなり渡された。

「え？　誰に言ってるの？」

むむっと思い、うしろを見た。私に言っているのだった。

彼女はまったく悪意がなく、まったく普通の同級生として接してくれていたのだから、喜ぶべきことだったのだ。

しかし、ホントは、心のどこかで、あんまり楽しくなかったのだ。

講義でうしろの席から、

「ねえねえ」

と呼ばれたから、振り向いたら、

「あー、こっち見た。この人、宝塚の人でしょ」

と、失礼な学生に鼻の先を指さされ、なんなんじゃー！　っとムカッとしたこともあった。

ちゃんとケンカするべきかなあ、とも思ったが、おとなだから耐えた。

このテのことは、最初の頃、しばしばあった。

また、新学期早々、通学定期券を買った。新学期の渋谷の定期券売り場は、大行列ができていた。

顔がぺっちゃんこになって骨折しそうな満員電車に乗るだけでも、ちょっとブルーになっていたのに、若い学生に割り込まれても文句も言えず、もみくちゃになりながら、四十分も並んで定期券購買の順番をおろおろと待っている自分に、ちょっと悲しい気分にもなった。

本当にどれもたいした事件ではないのだが、私は、何なの？ という思いで、アイデンティティーが失われていく感じだった。

そして何より、いままでは歌を稽古すれば、必ずそれを発表することができた。よく歌えたときは、ご褒美《ほうび》に拍手をいただいた。

もちろん勉強するために大学に入ったのだから、学校で歌うのは、よりよく歌えるようになるために悪いところを指摘していただくのが目的ということは、百も承知だったのだ。

しかし、嵐のように押し寄せてくる学科の授業や、入学と同時に毎月コンサートをするというお仕事をいただいてしまっていたこともあって（毎月十数曲というプログラムは無理があり、体調と時間を考えるべきだった）、なかなか授業の歌を稽古する時間も取れず、準備不足で思うように歌えないまま、先生のレッスンの日を迎えてしまう。

そんなことで上手く歌えるはずもなく、学校の曲も仕事の曲も焦《あせ》りながら、来る日も来る日も壁に歌って稽古をして、まだ全然できていないなあ、と、追い詰まってくると、ますます下手《へた》くそになるのだった。

根性のない私は、歌うことそのものがだんだん辛《つら》くなってきてしまった。

挙句《あげく》の果てにレッスンのとき、伴奏の先生にお渡しする移調譜を数曲分作るのに、譜面作成がごっつい苦手な私は、いつも異常に時間がかかっていた。

完成する頃には空が白んで、眠る時間がなくなっていた。

それでも間に合わず、伴奏の先生にもいつもご迷惑をかけていた。

また、オペラの授業で私の順番が来て、前に出ると、ひと声も発しないのに、一歩も歩かないのに、何もしないのに、

「ああ、君、宝塚っぽい」

と、温かくない笑顔をなさる先生もいらした。

「十年間舞台を務《つと》めてきた」というささやかなプライドが、身体の中で崩れそうになっていた。

そうなってくると、悪い癖《くせ》で、またまったく食べられなくなってしまった。

宝塚時代、一度、食べられないで身体をこわすという、あんな格好悪いことをやっているのに。

宝塚時代以来。四〇キロになっていた。

そのうちに、原因不明の咳《せき》が出はじめ、歌おうと息を吸うだけで、咳《せ》き込むようになってきた。

ずっと放っておいたのだが、あまり治らないので、医者に行くと、ストレスで不整脈が起き、そのドキドキが気管を刺激して咳が出ている、と言われた。

もう、軟弱な自分の精神に、ますます自己嫌悪《けんお》に陥った。

受験勉強などは確かに大変だったが、そんなに辛くはなかった。いま思い返しても、この頃がいちばん辛かった。

自分が好きでやっていることだけに、弱音も吐けず、投げ出せず。

息ができなくなった。

いっぺんにいろいろのことが起き、逃げ道がなくなってしまった。

この、いい年した情けない妹に、天使のような姉は、

「どうせ、子供たちのも作るんだから、一緒よ。朝、私の家に寄って持って行きなさい。絶対、残さないで食べてくるのよ」

と、二学期からお弁当を作ってくれるようになった。

『野口雨情物語』の松井須磨子役で

体重もすこし増え、身体は元気になったものの、二年生になっても、咳は一向によくなる気配はなく、マンションから実家に強制送還されてしまった。

その年の夏休み、新橋演舞場で『野《の》口《ぐち》雨《う》情《じょう》物語』に、松井《まつい》須磨子《すまこ》役で出演するお話をいただいた。

顔合わせの日。

新橋演舞場のお稽古場。

そうそうたる役者さんが、並んで座っていらっしゃる。

自己紹介、ドキドキしながらも、「あああ、現場だあ」と思うとうれしくて、脊髄《せきずい》が気持ちよくうずく感じがあった。

稽古場も和《なご》やかで、あっという間に初日を迎えた。

初日の開演前、奈落《ならく》で発声をしていると、もう歌いたくて歌いたくて身体から何かわからないものが、しゅわーっと出てくる感じがした。

初日の開演真近、テンションは上がって、身体は熱くなってきたものの、緊張はしていなかった。

早く幕が開かないかなー、そればかり思っていた。


初日の幕が開いた。

舞台奥の袖《そで》でスタンバイ。

すこしずつ、心拍数が上がっている感じ。

舞踏会の場面、舞台奥の階段のセンターからエスコートされて、踏み出した舞台は、本当に気持ちよかった。

強い照明が身体を包む暖かさ。久々の大きな舞台。

空間を支配しているような、空を飛んでいるような爽快《そうかい》感。

歌い出したら、幸せで涙が出そうになった。

緑の大草原で深呼吸をして、いい空気が身体に充満したような心地よさだった。

「ゴンドラの歌」と「カチューシャの歌」を歌った。

優《やさ》しい拍手が身体に染《し》み込んだ。

劇場の温かい木の質感、人前で歌うことの心地よさ。

すこーんと頭につっかえていた何かが取れたような気がした。

公演の半ば。気がついたらあのヘンテコな咳が止まっていた。

やだあ、私ったら根っからの舞台好き。

十五歳のときから舞台で「人様に聞いていただくため」に歌うことしか知らなかったのだ。

お客様が、エネルギーだったんだ。

まったく単純。

一九九七年夏、入学後久々に、また、いろいろな歌が歌いたくなってきた。

†タノシイコト

大学に入って何が楽しかったかというと、やはり秋の連休に行なわれる「芸祭」だろうか。

「芸祭」とは、東京芸術大学の文化祭のことなのだ。

まず一年生のときは歴代、お店を出すのとお神輿《みこし》を作ることになっている。声楽科は、建築科と組む。お店は歴史ある「ぺったんこ」というおもち屋さんだ。

日本画科と邦楽科、デザイン科と作曲科、器楽科と工芸科など、美校と音校の一年生が力を合わせて、お店もお神輿も対決する。

お神輿の人気順位は、上野の町の人々が採点、優勝が決まる。

どのお神輿も、ものすごく大きくて手が込んでいた。

曼荼羅《まんだら》をまとったインド象だったり、大浦食堂（学食）のおじさんの顔だったり。

私の年度は、どの科もとくにセンスよく精巧にできていた。

そのお神輿を担《かつ》いで、サンバに合わせて（なぜかサンバ）上野公園を練り歩く。

その説明会のとき、

「毎年上野公園の池に飛び込む人がいるのですが、危険ですので、絶対に飛び込まないでください」

と、言われた。

「寒い秋空、誰が飛び込むもんか！」と、みんなが言っていたが、確かにサンバのリズムは人を狂わせる。

ホイッスルとリズムに合わせてお神輿を担ぎはじめたら皆、つぎつぎ、池に飛び込みはじめた。

さすがに私は飛び込まず、大笑いをしながら、同級生を池から救出して（落として？）いたのだが、皆と一緒に水浸しになって大騒ぎをした。

おもち屋さんでも、同級生にもしっかり「タメぐち」をきかれながら、粉まみれになって、浴衣《ゆかた》姿で売り子さんをした。

人生、こんなに何回も楽しくていいのかなとも思った。

いいんだ。

きっと。


授業では三年生頃から、やっと本格的に歌えるようになり、平野忠彦先生はおおらかにのびのびと教えてくださった。

私の師匠、平野忠彦先生は、現役で舞台やミュージカルに出演されながら指導をしてくださるので、授業はとても実践的なものだった。

私は、舞台で実際に自分が歌うために歌を学びたかったので、先生のおっしゃってくださることは、あらゆることが勉強になった。

平野門下でのオペラの公演が年に一度行なわれたのだが、私は、メノッティの『霊媒《れいばい》』や、ヒンデミットの『ロング・クリスマス・ディナー』という近現代の作品を演じさせていただいた。

近現代モノは、難解な曲が多いと思っていたのだが、歌い演じてみるとミュージカルのようだった。

譜読みは大変だったが、慣れてくると身体にまとわりつく、妙な快感のある不思議な曲だった。

私には、古典のオペラより近く感じることができた。

平野門下の公演の稽古のために、那須の山奥の「芸大寮」で合宿をした。

もちろん、お稽古が最大の目的なのだが、中学生のようにたくさん遊んだ。

誰も人なんていないだろうと思って、真夜中に寮近くの南が丘牧場の駐車場で、電話ボックスに何人入れるかゲーム（アホすぎ……）や工事現場にある三角形のパイロンをかぶって走れるかゲームなど（！）しかし、先頭切って参加）をしていたら、牧場の管理人のおばちゃんが起きてきて、ものすごーく叱られてしまった。

声楽科は地声が大きいから、ちょっと騒いでも大変なことなのだ。

つぎの日に、私は下級生だったにもかかわらず、門下の上級生を引きつれて、おばちゃんのところに謝りに行った。

また、アホなこととして叱られてしまった。

相変わらず。

悪戯《いたずら》三人組の頃と行動パターンが変わっていない。

✝教育実習のはなし

なんと、教育実習にも行った。

教育実習生というと、生徒に年齢も近い〝若くて可愛らしい先生〟がミニスカートでやってくると思っていた生徒には、まことに申し訳なかったが、それなりに人気者になり、最後には、ファンレターまでもらった（やはりほとんどが女子からだったけれど）。

母校は、実習生が定員になってしまっていたので、教育委員会から江東区亀戸《かめいど》の中学校をご紹介いただいた。

私は、年齢もキャリアも他の学生とは違うので、指導してくださる先生がなかなか見つからず、教育委員会の方も学校選定が大変だったとおっしゃっていた。

私を引き受けてくださった学校は、授業担当の音楽の先生もクラス担任もどちらも、べテランのすばらしい先生だった。

まず形から入る私は、学校の先生というと、白のブラウスに紺《こん》のタイトスカート、髪はアップ、というイメージがあった（私、間違ってますか？）。あ、メガネもね。

前の日に、その扮装《ふんそう》（ハロウィーンじゃないって）に近い一式を調達し、着てみると、似合うこと似合うこと。

さすが三矢、着こなし上手。

そんなやこんなで浮かれていたのだが、これがとんでもなく大変な二週間となった。

実習先の先生は、大変責任感の強い方で、私への指導にヌカリがあってはいけないと、それは丁寧《ていねい》に教えてくださった。

毎日、朝は六時には登校して、Ａ４の実習ノートに「学習指導案」「授業後考察」など二ミリくらいの大きさの字で、びっちり書いて提出するのが日課になった。

中学校では音楽の授業時間数も多く、一週間に二十時間以上もある上、毎日七時頃までクラブ活動の「吹奏楽部指導」まであった。

その間、説明し続け、歌い続け、走り回り、チョークの舞い散る教室で大声を出し続けた。

一週間目には、男役時代にもないほどのガラガラ声になっていた。

しかも、教育実習の直後に、指揮科の遠藤雅古《えんどうまさひさ》教授からお話をいただき、上野の旧奏楽堂《そうがくどう》で、「カルメン」を中心にしたソロ・コンサートをさせていただくことになっていた。

本業が歌うことなのに、その「声」が一生出なくなってしまうのではないかと思ったのと、コンサートの準備が間に合わなくなりそうなのとで、背筋が寒くなるほど怖《こわ》かったのを覚えている。

挙句《あげく》の果てに、反抗期の中学生。実習生の音楽の授業なんて聞きゃしない。

ずっとエレガントに、にこにこ優しく授業をしていたのだが、どうしても言うことを聞かない、憎たらしい生徒が何人かいた。

彼らを一度だけ「男役声」で、

「あんたたち、サルじゃないんだから、静かに聞けっ！」

と、黒板に書いた音符を、手のひらでバンッ！　と指し示し、彼らに猛スピードでやや芝居がかってにじりよった。

この日、しっかりたしなめたら、それ以来、皆ちゃんとよい子で授業を聞いてくれるようになったわ。

おほほほほ……。

うれしいことに、二週間で四キロ減（音楽室は四階で階段の昇り降りもあるので、身体にはよかった。でも目の下は、もれなくクマ付き）。ずっと毎日この作業をしていらっしゃる先生方には、まったく頭の下がる思いだった。

給食、お掃除も、ホームルームで参加。

毎日給食の終わり頃にある、ジャンケンでの争奪戦にも参加した。欠席者の牛乳やデザートのプリンやゼリーは、とくに人気商品だった。

いまどきの給食は進化していて、とても美味《おい》しかったのだが、私には、成長期の子供用なので量が多く、食べきれず、こっそり残しているのを生徒に見つかって、

「あー、先生だけ残してるー。いいのー？」

っと、担任の先生に言いつけられてしまったこともあった。

共学というだけでも、私には未知の世界だったのだが、かなり、やんちゃな生徒の多い学校で、モップで力の限度を知らず、叩《たた》き合いをしている生徒がいたり、別にいじめではないのだろうけれど、一人の男の子を、四人がかりで椅子《いす》ごと放り投げたりしているのは、本当に驚いた。ベテランの先生のクラスだっただけに、確かに手のかかる生徒が多いよう

だった。

その二週間は、ほとんど中学校のカリキュラムに沿った授業内容なのだが、最後の日に「研究発表」という、その二週間の集大成ともいえる、自分でプランを立てて行なう授業があった。

それを大学の音楽教育学の先生が見に来てくださって、評価をいただくという時間があった。

「研究発表」の授業を組み立てるにあたって、二週間授業をして感じたのは、いまの中学生は全体的に集中力がなく、恐ろしく体力がないということだった。

まず、五分以上続けて立っていられない。

ステップを踏むリズム感の練習をしているときも、興味はシンシンなのだが、立っていられず、勝手にどんどん座ってしまうのだ。

そして、ひとつのことを続けてやっていられない。

そういうわけで、ちょっと反則かなと思ったのだが、テーマにはその頃、はやっていたキンキ・キッズの「フラワー」という曲を選んだ。

歌詞も彼らの共感を呼びそうな曲だった。曲から感じることのアンケートを書いたり、リズム遊びをしたり、楽曲分析をしたり、皆で歌ったり、五分ごとにプログラムを展開していった。彼らをお客さんだと思って、進行していった。

とりあえず生徒たちも飽きることなく、曲の内容が楽しいので、手足を踏み鳴らして、本気で汗をかいて歌ってくれた。ライブのようにエキサイティングだった。

芸大の音楽教育の主任教授が見学に来てくださり、

「大変楽しく、よい授業だったので、あなたのプランを来年の教育学の授業に盛り込ませてもらいます」

と、言っていただいた。

なだめたり、怒ったり、聞こうとしない相手に聞いてもらうのは、ひと苦労だったが、絶対音楽は楽しいんだよん！　ということが伝えられたので満足だった。

私の教育実習体験は、ありがちなアメリカ映画のようなハッピーエンドの結末だったのだ。だが、人間は言葉を覚える前から、歌って踊っていたそうだから、あの言うことを聞かない彼らが、一転して歌うことが好きになってくれたのも、特別なことではなかったのかもしれない。私は、自分が舞台に出て歌うことの方が好きだし、自分の仕事だと思っているのだが、本気でエネルギーを使って伝えようとすれば、まだ「育てる」まではいかないが、「人を変える」能力が自分の中にもあるんだなー、ということに気がついた。

これが、教える仕事の楽しさなのか、と思った。

✝芸祭「うさぎ」のはなし

三年生の秋の「芸祭」、東京芸大伝統の文化祭でのこと。

私は、学生の間にどうしても、「芸祭」で自分でお店がやりたかったので、出店することにしたのだった。

名前は「うさぎ」(私は、ウサギが大好きなのだ)。

仲良しのお友達八人ほどで、切り盛りした。

「せっかくの芸祭なのに、お店出すと遊べないし、大変だよ」と先輩に言われていた。

確かに大変だったが、めちゃめちゃおもしろかった。


お店建設のため、まずは、恒例の「蔵出《くらだ》し」。

歴代、芸祭で使われてきた椅子《いす》や机《つくえ》、床板や壁《かべ》にするベニヤを、蔵から運び出す(早いモノ勝ち)。

学校裏の蔵は、すごく暗くて汚く、かなりコワイ。

いろんな生物がいる。うえーっ。

頭からタオル、粉塵《ふんじん》マスク、軍手、安全靴、という完全武装(目しか見えていない)。

やる気は、むんむん。またしても、まず形から入る。

元男役。でっかい板も、ガツンガツン運ぶ。

おかげで、〝いい板〟をだいぶ勝ち取った。足りない分は、近くの美術倉庫に頼んで提供

上・下写真とも芸祭。大繁盛の「うさぎ」

してもらった。

建築科が仲間にいるわけではないので、店構えは普通のテントだったが、学校の蔵の中に眠っていた机や椅子を白ペンキで塗ったら、結構可愛いお店になった。

アジア料理のお店にした。

「芸祭」では、どの店も本格的なのだが、私たちの店はとくにすごかった。

上野にあるコリアンフード街で、レシピを教えてもらって、トウガラシなどのスパイスや骨付きの大ーきなお肉を本格的に仕入れてきたり、エスニック専門店でタピオカなどのデザートの作り方を習ったりした。

だいたいどの店も、水道は引くが、カセットコンロかプロパンで調理をしていた。

本物志向の「うさぎ」は、ちょっと違うのだ。カセットコンロの料理で満足すると思うかね。

ふっふっふ。

そこで登場。

私と一緒で、先祖代々「お祭り好き」のＤＮＡを抑えられない、頼りになる実姉、ゆみちゃん。

彼女の住まいが「芸大のほぼ隣」という地の利から、「祭り好き」を刺激して引っ張り込み、家を提供してもらっての「大・大・下ごしらえ大会」（迷惑な妹）が始まった。

「うさぎ」スタッフ総勢八人が、三日前ぐらいから上がり込む。

台所では、一〇キロ近くある骨付き肉を包丁でガンガン叩き切っている人がいて、リビングでは、何十人前ものチヂミの粉を練っているヤツがいる。

子供部屋では、バケツ一杯、ネギを切っている。もちろん、「祭り好き」の甥《おい》っこたちにも手伝わせる。

廊下では、デザートのティラミスを作っている（エスニックの店なのに、なぜか浅草のイタリアンレストラン「ラ・ラナリータ」の土門店長みずから、ティラミスを技術提供してくださり、店の大人気看板《かんばん》メニューとなった）。

下ごしらえをすませたあと、人が入ってしまいそうな、ずん胴鍋でアクを取りながら、何日も大量の肉を煮込んで、超絶美味のコムタンクッパやユッケジャンクッパを作った。

その完成品を、台車で、学校までゴロゴロ運ぶ。

完成したクッパは、韓国に旅したときに食べたコムタンクッパに負けない味だった。

いやあ、このときほど、「人生確実に準備をしっかりしておけば、失敗はない」ということを学んだことはなかったねえ……。

これだけ手をかけて、はやらないワケがない！

一日目は普通の繁盛《はんじょう》、二日目からは構内マップを手にお客さん続々来店。

お店は、てんてこ舞いの忙しさ。

そのとき、感激したのは、飲食店でアルバイトをしたことのある人の手際《てぎわ》のよさだった。

同じように、皆一生懸命切り盛りをしているのだが、すこしでも経験のある人は、ちょっとしたことでも、すばらしく段取りよく動け、じつに効率よく仕事をこなしていくのだ。

何事も経験なのだーと思った。


ここだけの話だが、その年の「芸祭」には、「裏芸祭」というのがあった。

芸祭が終わって、警備員さんも帰った十二時過ぎから、こっそり電気をつけて、再び盛り上がろうというのだ。

なぜか、私の仲良しのお友達はノリがよく、イタズラに頑張り屋さんなヤツが多く、他の店の人たちが飲んだくれている間もお店を閉めないでおこう、ということになった。

なんと、四日間、二十四時間営業をしてしまったのだ。

ゼロ泊四日「芸祭の旅」。

終わってから、勲章《くんしょう》となった目の下のクマが数日間取れなかった。

おかげさまで、売上歴代ナンバーワン。

伝説の店となった！

†白馬の王子様

一九九七年の私のクリスマス・ディナーショーのプログラムの中で、同級生と一緒に混声四部のコーラスをしたいと思い、仲良しの「やっこちゃん」に、誰か出てくれる人はいないか、相談をした。

私は、相変わらず根本的なところで共学に慣れておらず、大学に「男子」のお友達は、ほとんどいなかった。

そのときに快く引き受けてくれたのが、のちに私の相方（だんなちゃま）になる人であった。

声楽科の同級生。

大学でいちばん「でっかい」ので、その存在だけは知っていた。

じつはそのとき、「男子」が二人出演してくれたのだが、最初の頃は、大変失礼なことに、どっちがどっちかよく識別できていなかった。

彼らは、とても真剣にそのディナーショーに参加してくれ、いい演奏をしてくれた。

そのときは、自分のことで、いっぱいいっぱいだったので、まさか仲良くなるなんて思ってもいなかった。

そののち、皆で初詣《はつもうで》に行ったり、ご飯を食べたりと、一緒に過ごすことが増《ふ》えた。

気がついたら、いつもそばにいてくれた。


芸大合格のとき、ある新聞の取材で、記者さんが話題のひとつとして、

「じゃあ、芸大で運命の人とめぐり合うこともあるかもしれませんね」

と、言われたときに、

「あはは、そーですね」

と、何気なくあいづちを打ったら、記事の見出しが、

「学生結婚がしたいな。三矢直生、三十二歳での決心」

と、なっていて、なーんだこりゃー、と思ったものだった。

しかし、結果、この記事は本当になった。

この「でっかい」人と、結婚することになったのだ。

四年生の初春。大学の友人たちにも、二人の結婚の話を公にした、もう大学生活の残りもわずかな頃。

声楽科の同級生で那須《なす》の寮に行こうということになった。

芸大寮は、駅からバスで数十分、かなり山奥に行ったところにあった。皆で温泉に入ったり、将来のこと、音楽のことなど、たくさん話をして学生最後の旅を楽しんだ。

結婚することを皆に発表した直後だったので、同級生第一号の婚約者に皆興味シンシンだった。

きっかけは？　プロポーズの言葉は？　新居は？　子供は？

私の存在だけでも彼女たちには、かなり不思議なものだったから、それが同級生で結婚となれば、聞きたいことは、いっぱいだったみたいだ。

相方は、用事があって、遅れてくることになっていた。

待てど暮らせどやってこず、バスの時間も終わってしまった。

電話があったとき、

「もう、タクシーもいるかどうかわからないから、どうする？」

と私が言っていたら、彼らが、

「絶対に来い！」

と言ってくれる。

同級生の皆がタクシーを呼んでくれて、遠い那須駅までわざわざ迎えに行ってくれることになった。

私も申し訳ないので、彼らについて、寮から那須の駅まで迎えに行った。

寮に帰ってきて、食堂のドアを開けると、

「……！」

なんと、私たちの婚約祝いの「サプライズ・パーティー」が用意されていた。

もう、涙ボロボロ。

真夜中から、同級生大森君のピアノ演奏「ショパン英雄」やけんちゃんの自作の歌等々、お祝いの音楽会が開催された。

私はいちばんお姉さんなのに、ぐしょぐしょのぼろぼろに泣いてしまった。

彼らが東京から運んできてくれたケーキは、ぐずぐずに崩れていたけれど、もううれしくて、倒れそうだった。

そのときにケーキの真ん中にのっていた、卵形のチョコの中に入っていたオマケのおもちゃのサボテンは、玄関に大切に飾ってある。

†卒業式

東京芸術大学の卒業式には、宝塚歌劇団の制服〈緑の袴《はかま》〉を着た。

十年ぶり。

もう、着ることはないと思っていたのだが。

この大学への入学から卒業までは、宝塚歌劇団での生活があったからこそだ、という思いがあったので、歌劇団に許可をいただいて袴を着させていただいた。

たくさん、幸せな思いをさせてもらった。だから、この緑の袴が着たかった。

大学の卒業式なんかで泣いている人は、ほとんどいなかった。

他の学生より道程が長かっただけに、胸に熱いものが山ほど込み上げてきた。

なんてったって、こんなに好き勝手なことをやっている私を励まし、支えてくださった人々のことが頭に浮かび、一人感動し、声は出さないように耐えたが、

「もう、皆、だいすきだよー。ありがとおーっ！」

っと、叫びたくなり、顔を真っ赤にして、声を殺してオエツしてしまった。

私がいつも園児のようにハンカチもちりがみも忘れるので、鼻をぐずぐずいわせて、引きつって泣いているのを見て、相方が笑いながらハンカチを貸してくれた。

学長先生は、「この大学の受験倍率は高く、東大より高い学部もある。しかし東大の医学部は、卒業すれば、まず間違いなく医者になれるだろうが、この学校は、卒業しても何の保証もない。どうするかは、君たち次第だ」。

しかも、

「君たちのことをよく宝石だという人がいるが、宝石になれるのは、この中の一人か二人だ。残りの人たちはその原石を磨くための、ただの石なのだ」

と、おっしゃった。

将来を見定めていきなさいという、晴れの卒業式からいきなり現実的な話だった。

確かにそのとおりだと思う。

でも、どう言われても、もう歩きはじめている。

歩くしかないのだ、と思った。

†卒業コンサート

二〇〇〇年五月七日。

青山円形劇場で卒業記念コンサートを行なった。

新聞記事で卒業の記事をのせていただいたのと、インターネットでの告知だけだったのにもかかわらず、入場できないお客様が出るほどの大盛況となった。

四年間の集大成としてのコンサート、私も気合が入っていた。

私は、〝楽しい〟舞台を見るのが大好きなので、理屈ではなく楽しい舞台にしたかった。

ミュージカルのナンバー、東京芸術大学で学び、自分の持ち歌にできたオペラのアリア。ずっと若い頃から歌い込んできたジャズ。タンゴ。そして、思い出深い「ゴンドラの歌」や「カチューシャの歌」等々、歌と踊りの舞台だった。


いろんな歌を歌ってみて、ジャンルは、いろいろあるけれども、中身を伝えるという仕事は、どの歌もまったく同じだと思った。

とにかく、お客様に聴いていただけるのがうれしかった。

大学を卒業できたことで、心底好きなようにのびのびと歌えた。

お客様からいただいたアンケートの中に、「生きる元気を失っていたときに、三十二歳から芸大生活を送られた記事を見て、感動し勇気づけられました。今日の歌に、まだまだ進んでいく三矢さんを感じました。私も頑張ります」というのがあった。

こんなアンケートをいただいたワタクシこそ、感動してしまった。ありがたかった。不思議な感じだった。

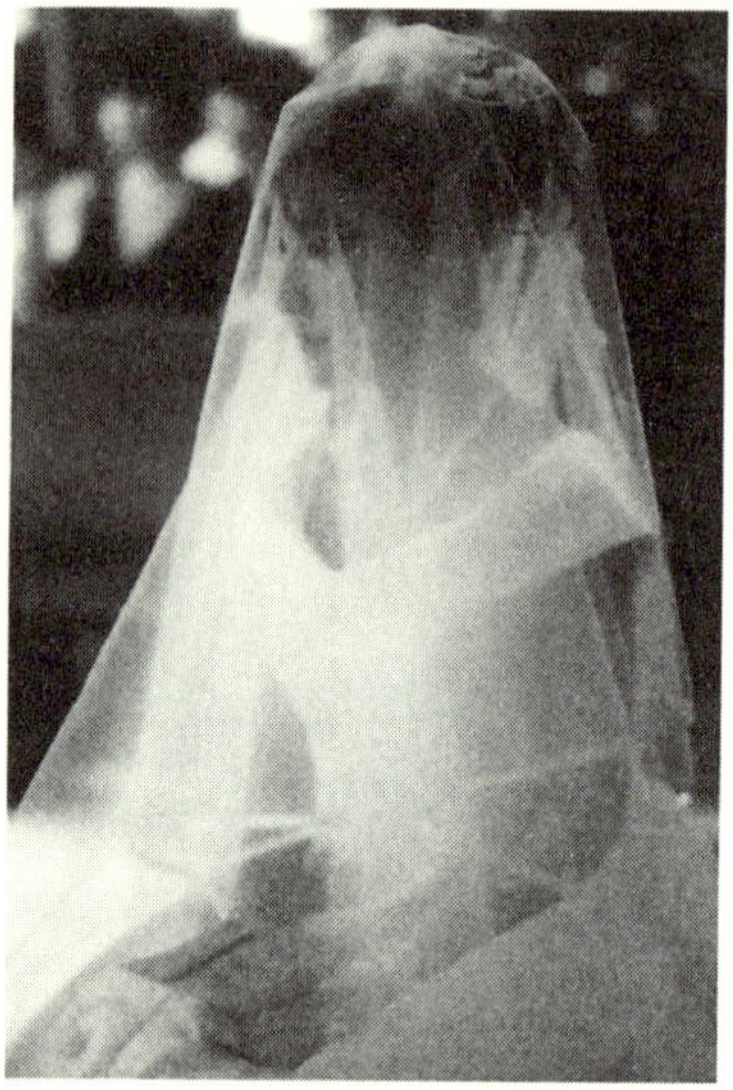
結婚式

また、どんどん進んでいきたくなった。

私は舞台で歌うことが好きだ。

✝結婚式

卒業コンサートの興奮もまだ冷めぬその数週間後、結婚式をした。

二〇〇〇年五月二十七日のことだった。

なにぶん大学を卒業したての二人、豪華なことができない代わりに、あったかい結婚式にしたい、と話していた。

式は、上智大学の中にあるクルトゥルハイムという歴史のある小さな木造の聖堂で行なった。

式の中の聖歌は、仲良しのやっこちゃんに、私の大好きなカバレリアルスティカーナの間奏曲の「アベマリア」を歌ってもらった。

木の建物の中に、すがすがしく彼女の声が響き渡った。

式の証人には、人生の先輩で音楽家のご夫婦、オッキー夫妻。

奥様は、コンサートでいつも私のピアノを弾いてくれている北村晶子《きたむらあきこ》さんだ。

じつは、私は、万一！（結婚なんてしないかも、とも思っていた）自分の結婚式をするならば……と、ある夢を持っていた。

それが、実現した。

それは、ワーグナーの「結婚行進曲」を混声四部のアカペラ「大合唱」で、式場に入場することだった。

大学卒業直後ということで、ほとんどの声楽科の同級生が私たちのパーティーに参加してくれていた。

ドアが開いた瞬間に、皆の歌声が、身体中にスコールのように降り注がれた。

人の声の力は、すごい。

想像していたより、はるかにすごいエネルギーだった。

身体が震えて、動けなくなった。

しかも、皆思いを込めて、歌ってくれていた。

声自慢の皆が、本気の本気で歌ってくれているから、天井がビリビリいっていた。

こんなすごい幕開きは、世界中どこにもない！

なしだった。

もおっ、みんな、だいすきだよぉ……。

私は、絶対写真に撮られたくないほど、パーティーの始めから、ぐしょぐしょ泣きっぱ

そして式が始まり、宝塚受験前の十五歳の春、あの茅ヶ崎の海で一緒に、

「夢をかなえてやるー！　海のバカヤロー！」

と、一緒に叫び、宝塚を退団するまでずーっと同じ組で一緒に過ごし、いまは一児の母になっている舵一星が、開幕一番、新郎新婦紹介をしてくれた。

改めて、彼女の声がすばらしく温かいのを感じた。

あのベソをかいていた宝塚音楽学校受験前から、音楽学校、初舞台、『ベルばら』での退団、ずーっと一緒に過ごし、その間に二十年以上の時が流れていたのだった。

大学の声楽科の同級生は、「乾杯の歌」、ブラームスの「愛の歌の四重唱」、「インマイライフ」、「踊るマハラジャ・振り付きネパール語」やこの日のために作曲してきてくれた曲などを、つぎつぎに熱い歌声で、心を込めて歌ってくれた。

いつもコンサートを一緒に作ってくれている演奏家仲間は、自分の楽器を持ってきてくれて、すばらしいピアノの演奏に乗せて、私の大好きな「マイ・フェイバリット・スウィン

結婚式。愛する宝塚の同期と

グス」を、アドリブでホーリーな演奏をしてくれた。

パーティーのほぼ終わり頃、宝塚の同期生が登場してくれて、皆と一緒に「すみれの花咲く頃」を歌った。

宝塚の同期の皆は、それはもう華やか。しかも、あでやか。

大学では年長組だったが、同期の中ではいちばん小さい学年だったので、お姉さんたちが手のかかる妹を嫁に出したような、優しいまなざしで歌ってくれた。

女優、主婦、先生、編集長等々、それぞれ進んだ道は違うけれど、皆かっこいい私の自慢の同期で、彼女たちが忙しい中、駆けつけてくれた〝同期愛〟が、ただただうれしかった。

最後の演目（もう、余興じゃなかった）のスケールは、大きかった。

声楽科でお世話になった教授が指揮をとってくださって、お客様も私たちも全員参加で、メンデルスゾーンのメサイヤから「ハレルヤ」の大合唱。

もう部屋ごと振動するような大迫力。

皆の愛に包まれて、すてきな結婚式をすることができた。

ホントにありがとっ！

✝卒業して

最近、女性経済誌などに、社会人の生涯学習の記事がときどき出ている。

おとなになってから大学に行った人へのインタビュー記事が出ていて、その中で大学に行ったメリット、デメリットなどがのっていた。

私の場合、別に企業で働いているワケではないから、すぐに直接的なキャリアアップということは、感じなかった。

が、何よりの財産は仲間が増えたこと。

音楽や美術の仲間はもちろんのこと、思ってもいないところで、仲間が増え、力を貸してくれたことがあった。

また、自分と違うジェネレーションの人たちの直球の意見や情報が聞けるのも、刺激が大きかった。

仕事で変わったことと言えば、宝塚歌劇団で講師をさせていただくようになったり、講演などのお仕事をいただくようになったり。

また、コンサート、舞台活動などでも、いままでと微妙に違ったフィールドで、すこしずつ世界が広がっているような気がする。

昨年の暮れには新国立劇場のオペラ『ドン・カルロ』にアレンベルグ伯爵夫人という役で出演させていただいた。

お芝居の役での出演だったが、ルキノ・ビスコンティの舞台装置、衣装、演出、そして、イタリア人キャスト、スタッフの中で一緒に舞台を創《つく》ることに参加できたことは、すばらしい財産となった。

主演のソプラノ、チェドリンスは、まだ若いのにすばらしく気品があって、私がかつて聞いたことのない、美しく繊細で、しかもボリュームのある声だった。

出番前、いつもおしゃべりしていたのだが、大らかな、とっても優しい〝普通の〟のお嬢さんだった。

名バリトンのレナード・ブルゾンさんも、ショーン・コネリーのように素敵で、お芝居も歌もとにかくすばらしく、やはり神様に選ばれた人という感じがした。

出番前でも、彼の前を通ると、「チャオ！」とウインクしてくれる、気さくな方だった。

彼らの創り出す舞台は、上質な映画に信じられない美声を乗せたような、豊潤な芸術だった。

このような現場に稽古場から参加して、彼らの雰囲気やすばらしい歌に何度も接することができた。そして、いいムードの現場はクオリティーが高いのだ。

てっぺんの芸術性を持った人たちが、人を感動させているのだから（気性までは知らないけれど）、やはりきっとホントに清らかな心を持っているのだ。

〝本当〟じゃないと、人の心は動かせないのだ。

そして、二〇〇二年二月には、大阪のフェスティバル・ホールでオペレッタ『こうもり』のオルロフスキー侯爵を演《や》らせていただいた。

メゾソプラノや、アルトの女性の演じる男役で、久々に燕尾《えんび》服を着ての舞台だった。

指揮者の先生とオーケストラの皆さんの空気に乗せていただいて歌い出すと、心湧《わ》き立ち、胸弾む。

そして、二百人近い合唱の方に支えていただいて歌うのは、すばらしく気持ちがよかった。

すべてが、アンプラグド。電気をいっさい使わない生の演奏。

やっぱりクラシックは、ある種、格闘技に通じるものがあるような気がする。

生きた人間同士のコミュニケーションで成り立っている。

大阪シンフォニカ定期演奏会『カルメン』
（大阪フェスティバル・ホール）

音楽はすばらしいっ！

こんな場面に出合うにつれ、実際自分の仕事、歌に対する感じ方や考え方が大きくふくらんでいく。

そして、反対に大学を卒業して大変になったことは、踏み入れた世界が広がったことで、また克服しなくてはならないモノが膨大に増えたということだ。

†コンサート

退団した年から、シーズンごとに「おしゃべりライブ」と、毎年十二月にクリスマス・ディナーショーをしている。

最初は、「ふだん着ライブ」という名前で、本当に小さい会場からスタートした。毎回テーマを決め、各界で活躍していらっしゃる方々をお招きして、おしゃべりをしていただきながら、私が歌を歌っていくというライブなのだ。

宝塚退団のとき新聞記者の方に、

「このライブの上演回数が、あなたの年齢を越えたら、大きな大きな記事にしましょう」

と、言っていただいたことがあった。

シーズンごとといっても、舞台の仕事が入ったり、大学の試験などとぶつかって一年間まるでできなかったときもあり、退団十二年目で次回二十四回を迎える。

このペースだと、私の年齢を越えられるのは、いつのことか。

芸大に入ってからは、おしゃべりしていただくゲストの方の他に、大学の器楽の同級生に登場願い、演奏してもらっている。

日頃聞くことのできないまったく違う世界のゲストのお話や、真近で聞くことのない楽器の演奏は感動的で、私も一緒に楽しませていただいている。

クリスマス・ディナーショーは、その一年のまとめとして、ライブに参加してくれた演奏家の仲間とステージを創り上げる。

ここ数年は、クリスマスに参加してくれるメンバーも固まってきつつあるのだが、クラシックからジャズ、ミュージカル、日本歌曲までジャンルを問わず、熱くサポートしてくれる。

自分がコンサートを持つようになって、退団直後に日野元彦さんのライブのあの熱いリハーサルにうかがったときのことを思い出すが、やはり演奏は心地よいバトルで、本気の「キャッチボール」という感じなのだ。

私が凧《たこ》のようにどこに飛んで行っても、彼らが風になって包んでくれる感じなのだ。

卒業後のコンサートのパンフレット

正直、大学に入って、いっとき、「音楽ってのはねえ、すべての曲のバックボーンと内容を一〇〇パーセント解釈して、ちゃんと勉強した人じゃなきゃできないものなんだ。あんたなんかの勉強量じゃ、一生歌えないわね、ふん」と、言われているような気がして、音楽ってつまんない、と思ってしまったことがあった。

ところがところが、一昨年のクリスマス、目白《めじろ》の椿山荘《ちんざんそう》で前述の彼らとの演奏中、『サムソンとデリラ』のアリアを歌っていたときのこと。

絶対、あそこに音楽の神様がいたのだ。

吸った息が、身体を突き抜けて、歌の情景が身体のまわりを覆い、彼らの演奏の上にふわっとのっかっている状態になったのだ。

芸大入試の二次試験で味わった、あの感覚の「すごい版」だった。

体温は、高め。

なんとも心地よく、はじめての体感であった。

終演後、このことを彼らに話すと、彼らもまったく同じことを感じていたらしい。

しかも何人ものお客様から、

「この曲を聞いていたとき涙が出て、不思議に温かい気持ちになった」

と、言っていただいた。

歌いはじめて三十数年、こんな幸せな気分になったのは、はじめてだった。

確かに、すごく時間をかけて創った曲だった。

紆余曲折《うよきょくせつ》の末、手に入れた快感だった。

だから、心底うれしかった。

達成感の一種なのだろうか。

けれど、こんな快感がやってくる日を心のどこかで知っていたから、ここまで歩いてきたのかなとも思う。

†ぶつかり稽古

大学在学中の四年生の秋から、宝塚歌劇団の講師をさせていただいている。

私はまだ、人に教えることより、自分が歌うことが何より好きなので、「教える」などおこがましくて、人に「先生」と言われるのが大の苦手なのだ。

「お願い、フツーにゆかさんと呼んでください」

と、彼女たちにお願いしている。

ただ、十年間「男役」としての表現に悩み、たくさん考え続けたこと、大学でいろいろなことを教えていただいたことで、解決したことなどを、ちょっぴり先輩としてアドバイスをさせてもらっている。

だから、先生と言われると、何か違うのだ。

ただ、自分自身が現役のタカラジェンヌだった頃、いろいろな先生にお習いしても、世界中どこを探してもない「宝塚の男役の歌」とその「男役と一緒に歌う女役の歌」をどう創っていったらよいか、なかなか教えていただくことができなかった。

だから、私が時間をかけて思い悩んだ分、彼女たちがすこしでも早くわかれば、と私が持っていることで伝えられることは、すべて吐き出して伝えたいと思って、一緒に稽古をしている。

彼女たちとのレッスンは、それはそれはエキサイティングで、本気で時間を共有し、集中して一緒にマラソンを走っているようなのだ。

もう、一時間レッスンをしたら、頭がくらくらする。

彼女たちのひたむきさには、いつも胸を打たれっぱなしだが、彼女たちに伝えることによって、私自身教えられることが山ほどある。

エネルギーを循環させているような感じなのだ。

当たり前のことだが、すごく勉強をする人は、すごい勢いで上手になるが、勉強しないでできるようになる人は、絶対にいない。

心を開いて何でも感じられる人は、私がわかりにくい表現をしたとしても通じるし、歌もどんどん魅力的になっていく。信頼関係で成り立っているように思う。

頭じゃなくて、心と身体なんだろうなあ。

お休みになると飛行機に乗ってお稽古にやってくる、おそらくつぎのトップになる男役の生徒さんは、一見骨太《ほねぶと》な男役くさい男役なのだが、じつにフツーのお嬢さんなので、自然に温かく物事がとらえられる上、とにかく勘がいいので、歌がどんどん立体的になっていく。

勘がいいというのは、何でも受け入れられ、伝えられる柔軟さがあるということなのかもしれない。

声楽家の歌というより役者の歌なのだから、〝思い〟を伝えることが、歌っていく上でいちばん大事な作業なのだと思うのだ。

だから、歌の中での〝思い〟がはっきりしてくると、ブレスやフレージングが自然にすばらしくなってくるのだ。

歌を一緒に作っているときには、イメージトレーニングをしたり、並んで腹筋をしたり、反復横飛びをしたり、体育会系な時間が展開される。

また、つぎの新人公演で主役をやる生徒さんも、見かけほど器用ではなく、じつは苦労しているようで、毎回歌いはじめには、「この人ホントに大丈夫かなあ」と思うのだが、彼女も心を開いて誰にでも飛び込んでいくタイプなので、芝居の内容などの気持ちの内側からアプローチしていくと、緻密《ちみつ》なプラモデルがどんどんでき上がっていくように、短い時間で声質もまったく変わり、熱い歌を聞かせてくれるようになる。

そんな作業を、私も一緒に楽しんでいる。

私自身、大学で教授にレッスンを受けていたとき、先生がおっしゃったことは、こういうことだったのねと、やっと最近わかったことがいっぱいあるのだ。

気持ちが柔らかければ、早いんだな、きっと。

年齢に関係なく、教えられ上手というのがあり、本質的に素直な人は、それだけですごいと思うのだ。

同じ「ひと言」を聞いても、そこから「いくつのことを発見できるか」で人生が違ってくるのだろうな、と彼女たちを見ていて思う今日この頃である。

†さて、これからは、何をしようかな

何かがしたくて、できるようになりたくて、でもできなくて。

何度も何度も転んで、悔しくて悔しくてべそべそ泣いてきたことがバネになって、すこしずつ夢がかなえられたような気がしている。

小学校で、皆と歌えなくて泣いたことで歌を始め、ラインダンスで足が上がらなく、足が痛くて口惜しい思いをした。きついきつい稽古のあとに、初舞台の感激を味わったり。

それが、この先もずっとひとつのラインになるのだろう。

いろいろな方に、

「なぜ、そんなおとなになってから大学を受けようと思ったのですか？」

と、聞かれる。

スキルアップでも、学歴が欲しかったわけでもない。

いまもって答えは出ない。

とりあえず、答えをまとめなくてはいけなくて、あとからつけたあまりおもしろくない答えはいくつかある。

デモ、本当のところはわからない。

褒《ほ》められたくて、だったのかな、と最近思うようになってきた。

なにかというと、ちょっと鋭角的な意見の多かった父に、

「私は、これをやったんだよ」

と、言いたかっただけなのかもしれない。


さて、つぎは、どれから始めようかな、と思っている。

楽しいことや、やってみたいことが、たくさんありすぎる。


大学一年生のときのように、近いトコロに目標のない勉強ほど、辛いものはなかった。

これからも、歌に限らず、この世の中でおもしろそうなことがあったら、目標というほどでもないが、何か照準を定めて、どんどん首を突っ込んでみたいと思っている。

人の一生、時間が限られているのだし。

こんなのんきな性格だから、漕《こ》ぎ続けていないと止まるのでなくて、どんどんうしろに行ってしまう気がするのだ。


今日、こうしてまた、「本を書く」という、数年前の私には考えられなかった「大きな大

きな大きな夢」がかなってしまった。

昔から本が書いてみたかった。

とりあえず、

「本が書いてみたい！　本が書いてみたい！」

と、口に出して言っていた。

それを実際に聞いてくださった方がいたのだ。

小さい頃よく、歌の先生に、

「歌うにも、話すにも、言葉は、言霊《ことだま》といって、その中に魂があるんだ」

と、言われていた。


まず、夢ありき、なのかな。

法則なんて、ホントはないのだが、確かに夢はかない続けている。

これからも、どんどん楽しい夢を見続け、絶対かなえるぞ、っと。

そんなことを考えながら歩いていると、緑の中、さわやかな風が私の隣をすり抜けていった。

あとがき

今年の桜は、いつにも増して早く花を開きました。六年前、大学に受かった一九九六年春。校門の前の満開の桜の下で、真夜中にひとり、あの頃私のテーマソングだったブルーハーツの「泣かないで恋人よ」を聞きつつ、最高に幸せな気分でワインをラッパ飲みしながら、お花見をしたのを思い出します。

♪遅すぎることなんて　本当は　一つもありはしないのだ
何するにせよ　思ったときが　きっとふさわしい時

という曲でした。

夢をかなえるなどということは（言葉は悪いですが）、〟やったモン勝ち〟〟言ったモン勝ち〟のようなところもあるような気がしています。

私が「本を書きたい！」などと言ったとき、「何を馬鹿なことを」ではなく、「あ、ぜひ書いてください」と、チャンスをくださった小学館出版局の山本美恵さんに心から感謝いたしております。

私のように、文章をきちんと書くという勉強も経験もしていないものが、こんなふうに本を出版するなどという大きな大きな夢をかなえさせていただいたのだから、せめて感じたことや考えたことをまっすぐに皆様にお伝えしたいという思いを込めて書かせていただきました。

最初、この本のタイトルは、『大好きだよ』にしようと思っていました。私が、なんだか楽しく人生をお気軽に過ごせているいま、私に力をくださったたくさんの方々に、大きな声で「大好きだよ」と言いたくなったのでした。

私自身も何かをしたいのに一歩を踏み出せないでいた頃があったので、「あ、こんなアホな奴でも、やりゃあできたんだ」という、何か、きっかけのひとつになったらうれしいなあなんて、おこがましいことを考えています。

久々に上野の山を歩いていたら、まだ三月だというのに季節はすでに移り、柳の芽が萌《も》え出していました。

こうしちゃいられない。これからも、いろんなところに行って、いろんなものを見て、たくさんの人と会って、たくさんお話をして、美味《おい》しいものをたくさん食べて、どんどんいい歌を歌えるようになりたいなぁ、と思っております。

最後まで、私の拙文におつき合いくださり、本当にありがとうございました。

二〇〇二年　春

三矢　直生

復刊にあたって

久しぶりにこの本を読み返し…。改めて、私は、なんとたくさんの方のお力をいただきながら生きてきたのだろう、と思いました。気がつけば、初版から12年。大河ドラマのように時は流れ、知らない間に私自身も、少し大人になっておりました。

素晴らしい皆様との出逢い、また、たくさんの愛を私にそそいで下さった方との寂しいお別れもありました。この間にも、ＣＤを作ったり、独りミュージカルをさせていただいたり、自分の子供を育てたり、大学や宝塚歌劇団で活躍する方たちを指導させていただくようになったり、と小さくて大きな夢が一つずつかなっています。

そしてオトナになった今も、まだまだ両手にどっさり夢を抱え、かなった所を想像し、ふふふと笑っています。きっと、皆様の夢もかないます。

これから、いただいた愛を少しでもお返ししながら、心豊かな人になれたら良いな、と。歌い続けていられることの幸せを感じております。

私の文章を読んでくださった皆様、本当にありがとうございます。

二〇一四年一二月一日　　三矢直生

三矢直生（みつやなお）

小林聖心女子学院を経て、東京九段の白百合学園卒業後、宝塚音楽学校に首席で合格。

1981年、宝塚音楽学校を卒業後、宝塚歌劇団に入団。

1990年、その将来を嘱望されながら、宝塚の名作『ベルサイユのばら』ジェローデル役で退団。

1991年、NHKテレビ「夜にありがとう」にレギュラー出演のほか、数々のTV、ラジオ、ミュージカル、演奏会に出演。

1996年、大検を経て東京芸術大学音楽学部声楽科に入学。2000年、同大学卒業。

大阪フェスティバルホール、北とぴあホール他にて、喜歌劇『こうもり』にオルロフスキー役で出演。

2012年『独りミュージカル・ペールギュント』

ほか各地でコンサート、ミュージカル、オペラ、講演など、精力的な活動を行なっている。

毎年12月24日に椿山荘で行なう『三矢直生 Xmasディナーショー』は、2014年で15回めを迎える。

CD『グローリーオブラブ』宝塚クリエイティブアーツより発売中。

現在、宝塚歌劇団音楽講師。聖徳大学客員講師。

http://www.naocompany.com

カバー写真　山口 直也
カバーデザイン　姥谷 英子
本文レイアウト　義江 邦夫

協力：宝塚歌劇団
写真提供：宝塚歌劇団
日本音楽著作権協会（出）
許諾第 1416183-401号

夢がかなう法則

2015年1月16日　第1版 第1刷発行

著　者　三矢 直生
発行者　柳町 敬直
発行所　株式会社 敬文舎
〒160-0023　東京都新宿区西新宿 3-3-23
ファミール西新宿 405 号
電話　03-6302-0699（編集・販売）
URL　http://k-bun.co.jp
印刷・製本　株式会社 シナノ パブリッシング プレス

Printed in Japan　ISBN978-4-906822-82-9